农产品营销策划

主　编　郑香玉　董春超

副主编　汪秀花

北京邮电大学出版社
www.buptpress.com

内容简介

本书从市场环境、产品定位、营销渠道、促销策略等维度阐述农产品营销，对农产品营销策划的理论和实务进行了系统的论述和探讨。本书融入了较多的农产品营销案例，立足农产品自身的特点，研讨相应的营销策略，帮助读者建立农产品营销意识并提供农产品营销思路。本书在内容编写上打破局限性，突出实用性，并通过“拓展阅读”“案例分析”“小提示”“拓展训练”等环节，增加实用性和可读性，融知识、技能、训练为一体，引导学生思考与讨论，以增强学生对知识的理解和应用能力。

图书在版编目（CIP）数据

农产品营销策划 / 郑香玉，董春超主编. -- 北京：北京邮电大学出版社，2024.5
ISBN 978-7-5635-7181-9

Ⅰ.①农… Ⅱ.①郑… ②董… Ⅲ.①农产品—营销策划 Ⅳ.①F762

中国国家版本馆 CIP 数据核字(2024)第 058260 号

策划编辑：彭怀洲 **责任编辑**：王晓丹 耿 欢 **责任校对**：张会良 **封面设计**：七星博纳

出版发行：北京邮电大学出版社
社 址：北京市海淀区西土城路 10 号
邮政编码：100876
发 行 部：电话：010-62282185 传真：010-62283578
E-mail：publish@bupt.edu.cn
经 销：各地新华书店
印 刷：河北虎彩印刷有限公司
开 本：787 mm×1 092 mm 1/16
印 张：7
字 数：172 千字
版 次：2024 年 5 月第 1 版
印 次：2024 年 5 月第 1 次印刷

ISBN 978-7-5635-7181-9 定价：48.00 元

·如有印装质量问题，请与北京邮电大学出版社发行部联系·

前　　言

农产品行业是人类社会中最古老的行业，是国民经济发展的起点和基础。农产品是人们日常生活中必不可少的物品，人们消费观念的转变以及对优质农产品需求的逐渐增加，为农产品市场带来了新的机会。农业产业链的延伸可以将农产品转化为高附加值的产品，满足不同层次消费者的需求。为适应新形势、新常态，推进职业教育的发展，编者结合职业院校的特点和重点专业建设及教学的需要，特编写了本书。

本书适用于中职院校市场营销、电子商务以及涉农等专业的学生，也适用于相关领域的工作人员。全书包括农产品市场分析、农产品市场细分与定位、农产品市场产品策划、农产品价格策划、农产品营销渠道策划、农产品促销策划，涵盖了农产品营销策划的整个工作过程。本书重点介绍农产品营销的新思路、新策略，内容丰富，脉络清晰，资料翔实，指导性强，可读性强，实用性强。另外，本书注重案例教学，理论联系实际，能够为农产品从业者提供较好的指导。

本书由北京市新媒体技师学院教师郑香玉和董春超主编，汪秀花为副主编。由于编者水平有限，书中如有不妥之处，敬请批评指正！

编　者

2023 年 11 月

目　　录

模块一
农产品市场分析

随着新经济的兴起，农业经济发展空间得到极大拓宽。目前，信息技术飞速发展，信息时代已经到来。在新经济背景下，农业经济和第二、三产业的深度融合，拓宽了农业经济的发展空间。如今，农产品市场发展质量提升，市场品牌化、集团化发展的趋势已越来越明显。由于市场基础设施改造升级，现代流通方式加速发展，大市场、大流通格局逐步强化，农产品市场功能得到全面提升。

学习目标

知识目标

1. 掌握农产品市场营销环境的含义和构成。
2. 掌握农产品市场营销宏观环境和农产品市场营销微观环境的具体内容。

能力目标

1. 能正确运用SWOT分析法分析农产品市场营销环境。
2. 能对消费者购买行为进行分析。

素质目标

1. 具备自主学习意识和团队协作意识。
2. 具备严谨的工作理念及解决实际问题的能力。

单元一　农产品市场营销环境分析

案例导入

新疆棉花产业的发展

近年来，新疆棉花产业的发展与国内外的文化环境密切相关。一方面，新疆棉花作为中国传统的特色农产品，其品质优良、产量丰富，深受国内外消费者的喜爱。另一方面，随着中国经济的发展和国际地位的提升，中国传统文化也在全球范围内得到了更广泛的传播，新疆棉花作为中国传统文化的重要组成部分，也受到了越来越多的关注和追捧。

新疆棉花产业的发展还受益于国家政策的支持。近年来，国家出台了一系列支持新疆发展的政策，其中包括对新疆棉花的生产补贴、税收优惠等政策，这些政策的实施有力地推动了新疆棉花产业的发展。

此外，新疆棉花产业的发展还与国内外市场需求密切相关。随着人们生活水平的提高，对高品质农产品需求的不断增加，新疆棉花作为一种高品质的天然纤维，受到了广泛的关注。同时，新疆棉花产业的发展还需要积极开拓国际市场，可以通过参加国际展览、贸易洽谈等方式，不断提升在国际市场的竞争力。

在未来的发展中，新疆棉花产业将继续发挥自身优势，推动中国农产品产业的持续发展。

思考：根据案例，分析影响农产品市场营销环境的主要原因有哪些？

知识储备

一、农产品市场营销环境概述

农产品市场营销环境泛指一切影响和制约企业农产品市场营销决策和实施的内部条件和外部环境。在分析农产品市场营销环境时，通常将其细分为微观环境和宏观环境两大类。微观环境是指与企业联系密切，直接影响企业营销能力和效率的各种参与者，包括企业本身、供应商、营销中介、顾客、竞争者以及社会公众。宏观环境是指企业无法直接控制的影响企业营销能力和效率的一系列重要的社会力量，主要包括人口、经济、自然、科技、政治与法律以及社会文化等因素。微观环境直接影响和制约企业的营销活动，与企业有或多或少的经济联系，也称直接营销环境，又称作业环境。宏观环境一般以微观环境为媒介去影响和制约企业的营销活动，在特定场合，也可直接影响企业的营销活动，也称间接营销环境。

小提示

微观环境与宏观环境的关系

微观环境和宏观环境之间不是并列关系,而是主从关系。微观环境受制于宏观环境,微观环境中的所有因素均受到宏观环境中各种力量和因素的影响。所有营销活动都会受到市场环境(微观环境和宏观环境)的制约和影响,尤其是宏观环境,并且企业难以按自身的意愿和要求随意改变它。对于不同的国家或地区,宏观环境存在较大的差异;对于不同的企业,微观环境也千差万别。由于市场环境总是处于不断变化的过程中,因此,企业只有密切关注市场环境的实际情况与发展趋势,制定有针对性的营销策略并根据环境变化而不断调整,敏锐地发现和利用市场机会,防范可能出现的威胁,扬长避短,才能确保在竞争中立于不败之地。

二、农产品市场营销宏观环境

农产品市场营销宏观环境主要包括人口、经济、自然、科技、政治与法律以及社会文化等因素。

1. 人口环境

人口是构成宏观环境的第一要素。在分析人口环境时,通常从人口数量、人口结构等因素入手。

(1) 人口数量

人口数量是决定市场规模和潜力的一个基本要素,因此,按人口数量可大概推算出市场规模。

(2) 人口结构

人口结构主要包括人口的年龄结构、性别结构、家庭结构、社会结构等。

① 年龄结构。不同年龄的消费者对商品的需求不一样。如老年人和年轻人对手机功能的需求是大不相同的,老年人看重通话功能,而年轻人则看重娱乐功能。

② 性别结构。男性与女性在消费心理与行为、购买商品类别、购买决策等方面有很大的不同。如女性通常购买生活用品和衣服,而男性则通常购买电子产品。

③ 家庭结构。家庭是购买、消费的基本单位。家庭数量直接影响以家庭为基本消费单位的商品(如家用电器、汽车等)的数量。

④ 社会结构。我国现处于城镇化中期,人口正不断地从农村涌向城镇,这一社会结构决定了住房等商品的需求量较为旺盛。

2. 经济环境

经济环境是指影响企业营销活动的购买力因素,包括消费者收入水平、消费者支出模式等内容。

(1) 消费者收入水平

消费者收入水平对企业营销活动的影响极大。不同收入水平的消费者在消费项目、商品品质、价格承受能力上有所不同,如豪车的购买对象多为高收入消费者。

小提示

企业营销人员在调研消费者收入时,要区分"工资收入"和"实际收入"。只有"实际收入"才会影响"实际购买力"。真正富有的人士,其"工资收入"往往不高,且"实际收入"大多来源于"财产性收入"或"投资收入"等。

(2) 消费者支出模式

消费者支出模式是指消费者各种消费支出的比例关系,也就是常说的支出结构。在收入一定的情况下,消费者会斟酌轻重缓急,对自己的消费项目进行排序,一般排序在前的即主要消费,如首先是温饱和医疗,其次是住、行和教育,最后是舒适型、提高型的消费(如保健、娱乐等)。

食物支出占总消费支出的比例称为恩格尔系数。食物支出所占比例越大,恩格尔系数越高,生活水平越低;反之,食物支出所占比例越小,恩格尔系数越低,生活水平越高。恩格尔系数已成为衡量一个国家、地区、城市、家庭生活水平高低和商品购买力大小的重要参数。在分析消费者支出模式时,还必须考虑储蓄率和储蓄增长率,如果消费者喜欢存钱,那么用于消费的钱就少,购买力就会打折扣。

3. 自然环境

自然环境主要是指自然界提供给人类的各种形式的物质财富,如矿产资源、森林资源、土地资源、空气资源、海洋资源、水资源等。当代自然环境最主要的动向是:自然资源日益短缺,能源成本日益提高,环境污染日益严重,政府和公众对自然资源的管理和干预力度不断加大。自然环境的变化对企业营销的影响主要表现在以下几个方面:企业经营成本上升、新兴产业市场机会增加等。

上述几个方面都可能直接或间接地给企业带来威胁或机会。因此,企业必须积极开展研究开发工作,尽量寻求新的自然资源或代用品。同时,企业在经营中还要有高度的环保责任感,善于抓住环保领域中的机会,推出"绿色产品",进行"绿色营销",以适应全球环保潮流。

4. 科技环境

科技环境不仅直接影响企业内部的生产和经营,还与其他环境因素互相依赖、互相作用。当代企业科技环境的发展趋势是:科技工艺的发展速度越来越快;创新机会增加;研究预算增加;关于科技工艺革新的法规越来越多。一种新技术的应用可以为企业创造一个明星产品,产生巨大的经济效益,也可以迫使企业的某一传统优势产品退出市场,如柯达数码相机的应用使得柯达胶卷基本上退出了市场。

新技术能够促进经营模式的变革。如超级市场的出现得益于信息技术的迅猛发展,电子商务的飞速发展则完全依赖于信息网络技术的普及。另外,新技术还有可能改变消费者的消费习惯。如自动售货机的出现可以让消费者不受时间的限制进行购买;网上购物可以让消费者突破时空的限制,改变消费者的购物习惯和生活方式,为消费者提供便利。

如今,新技术正对企业的经营活动产生着巨大影响。新技术的应用会使得农产品市场营销策略、企业经营管理方式以及消费者购买行为发生变化。企业要密切关注与本企业产品有关的技术的现有水平及发展趋势。对于新的硬技术，如新材料、新工艺、新设备等，企业必须跟踪掌握；对于新的软技术，如决策技术、咨询技术、管理技术等，企业也应特别重视。

小提示

网上农贸市场

传统农贸市场已在某个区域或多个区域形成了一定的影响力，拥有稳定的消费群体。将它移植到网络上，做成网络品牌，与传统农贸市场并列运行，已成为网络营销的创新模式。网上农贸市场能更好地做到“逛一家网站，选百家商品”，再加上有传统农贸市场的门店、营销策略、销售渠道、物流等做后盾，网上农贸市场不失为一种成功的模式。尤为重要的是，网上农贸市场的门店可充当实物展示中心，拥有一批忠实的消费者，具有无法比拟的优势。

5. 政治与法律环境

政治与法律是影响企业营销的重要因素。政治因素决定着企业营销活动的方向，法律则制约着企业的商贸活动。

(1) 政治环境

政治环境指企业农产品市场营销活动的外部政治形势、国家方针政策及其变化。企业以及目标市场所在国家的政局稳定与否，在很大程度上影响着企业的营销活动。如果政局稳定，人们安居乐业，企业营销就会在良好的环境中进行；相反，如果政局不稳，社会矛盾尖锐，秩序混乱，经济发展和市场稳定就会受到影响。政治环境分析主要包括国内政治环境分析和国际政治环境分析。国内政治环境的要素主要有政治制度、政党和政党制度、政治性团体及其影响力。国际政治环境的要素主要有国际政治形势、国际关系等。

(2) 法律环境

法律环境是指国家或地方政府所颁布的各项法规、法令和条例等，它是企业营销活动的准则，企业只有依法进行各种营销活动，才能受到国家法律的有效保护。

小提示

◆ 保护各个企业利益不受侵害的法律主要有《反不正当竞争法》《反垄断法》《专利法》《商标法》等。

◆ 保护消费者利益免受不正当商业行为损害的法律主要有《消费者权益保护法》《产品质量法》《价格法》《广告法》等。

◆ 保护社会整体利益不受失去约束的商业行为危害的法律主要有《环境保护法》《税法》《票据法》《公司法》等。

6. 社会文化环境

社会文化环境是指在一种社会形态下形成的被社会所公认的各种行为规范，具体包括一个国家或地区的教育状况、宗教信仰、价值观念、消费习俗、审美观念等内容。

社会文化对企业营销的影响是多层次、全方位的。企业农产品市场营销人员应分析、研究和了解社会文化环境，以针对不同的文化环境制定不同的营销策略。

(1) 教育状况

教育状况影响着消费者对商品功能、款式、包装和服务的要求。通常文化教育水平高的国家或地区的消费者要求商品的包装典雅华贵，同时对商品的附加功能也有一定的要求。

(2) 宗教信仰

宗教是构成社会文化的重要因素，它对人们消费需求和购买行为的影响很大。不同的宗教对节日礼仪、商品的要求和禁忌不同。某些宗教组织甚至在教徒购买决策中具有决定性的影响。

(3) 价值观念

价值观念是指人们对社会生活中各种事物的态度和看法。在不同社会文化背景下，人们的价值观念往往存在很大差异，消费者对商品的色彩、标识、式样以及促销方式都有自己独特的意见和态度。企业必须根据消费者不同的价值观念来设计产品、提供服务。

(4) 消费习俗

消费习俗是指人们在长期的经济与社会活动中所形成的一种消费方式与习惯。具有不同消费习俗的消费者，具有不同的商品要求。研究消费习俗不仅有利于组织消费用品的生产与销售，还有利于正确、主动地引导健康的消费。了解目标市场的消费者的禁忌、习惯等是企业进行农产品市场营销的重要前提。

(5) 审美观念

人们在市场上挑选、购买商品的过程，实际上就是一次审美活动。一般来说，消费者会追求商品所表达的内涵美、形式美、购物环境美，企业营销人员应把消费者对商品的评价作为重要的反馈信息，使商品的内部品质、艺术功能与经营场所的美化效果融为一体，以便更好地满足消费者的审美要求。

三、农产品市场营销微观环境

农产品市场营销微观环境是指对企业服务其目标市场的营销能力构成直接影响的各种因素的集合，包括企业内部、供应商、营销中介、顾客、竞争者和社会公众等与企业具体营销业务密切相关的各种组织与个人。

1. 企业内部

除营销部门外，企业还有行政、财务、采购、制造、研发、后勤等一系列职能部门。营销部门与这些职能部门在高层管理者的领导下为了共同利益而工作，相互之间既有多方面的合作，也会因争夺资源而出现矛盾。因此，这些部门的业务状况如何、与营销部门的合作状况如何以及这些部门之间是否协调发展，对营销决策的制定与实施影响极大。营销部门在制订营销计划时，要充分考虑企业内部环境的力量，争取得到高层管理部门和其他职能部门的理解和支持。

2. 供应商

供应商是指向企业提供生产经营所需资源的企业或个人。供应商所供应原材料的数量和质量将直接影响企业产品的数量和质量，所供应原材料的价格会直接影响产品的成本、利润和价格。

企业与供应商之间既是一种合作关系，也是一种竞争关系。合作关系表现在密切配合、一荣俱荣，竞争关系主要表现在交易条件方面的竞争，如供应商得利多，企业得利就少。在这种竞争关系中，谁处于优势、谁处于劣势，对于不同的企业、不同的供应商是不同的，这主要取决于双方在合作中的地位和实力。

3. 营销中介

营销中介是协助企业促销和分销其产品给最终购买者的个人或组织，包括中间商（批发商、代理商、零售商），物流配送公司（运输公司、仓储公司），农产品市场营销服务机构（广告公司、咨询公司、调研公司）以及财务中介机构（银行、信托公司、保险公司）等。这些组织都是营销过程中不可缺少的中间环节。商品经济越发达，社会分工越细，中介机构的作用就越大。如随着生产规模的扩大，降低产品配送成本就显得越来越重要，于是满足这种需求的生产性服务行业就得到了发展。企业在营销过程中必须处理好同营销中介的合作关系。

4. 顾客

顾客是指企业产品或服务的购买者，他们购买商品的目的是使用商品，他们是企业营销活动的目标对象。顾客可以是消费者个人或者家庭等直接消费者，也可以是企业，还可以是政府机构、社会集团或者其他非营利组织。

企业营销活动成败的关键在于顾客是否接受产品。因此，企业应针对各类顾客的特点和需求运用适宜的营销策略。

5. 竞争者

在同一产品市场上，企业会面临许多竞争者，这些竞争者与企业之间形成了不同的竞争关系。

企业的竞争者分为四个层次。

(1) 产品品牌竞争者

产品品牌竞争者的产品的内在功能和外在形式与企业产品基本相同，但因是不同厂家生产的而品牌不同。

(2) 产品形式竞争者

产品形式竞争者的产品的基本功能与企业产品相同，但形式、规格、性能或档次不同。

(3) 平行竞争者

平行竞争者所生产的产品种类不同，但所满足的需要相同。

(4) 需求愿望竞争者

需求愿望竞争者是潜伏程度最深的竞争者，不同竞争者分属不同的产业，相互之间为争夺潜在需求而展开竞争。

在上述四个层次的竞争者中，产品品牌竞争者是最常见、最外在的，其他层次的竞争者比较隐蔽。正因如此，许多企业的注意力总是集中在品牌竞争上，而有远见的企业不会仅仅满足于品牌层次的竞争，它们会更加关注市场发展趋势，并设法维护和扩大自身优势。

6. 社会公众

公众(Public)是指任何对组织有实际或潜在兴趣或对组织实现目标的能力有影响的群体。

(1) 金融公众(Financial Publics)

金融公众指银行、投资公司、股东等，它们影响企业获得资金的能力。

(2) 媒体公众(Media Publics)

媒体公众指电视、报纸、杂志、广播等传递信息的大众媒体。

(3) 政府公众(Government Publics)

政府公众指对企业的经营活动有相当影响的有关政府机构。这些机构就产品安全性、广告真实性等方面对企业进行监督。

(4) 市民团体(Citizen-Action Publics)

市民团体指消费者组织、环境保护组织、少数民族团体等。

(5) 地方公众(Local Publics)

地方公众指企业当地的居民、社区团体和地方政府。

(6) 一般公众(General Publics)

企业需要知道一般公众对其产品和活动的态度,企业在一般公众心中的形象直接影响他们是否购买本企业产品。

(7) 内部公众(Internal Publics)

内部公众包括企业内部的所有员工。在许多情况下,企业的形象是靠员工展示给外部消费者的,特别是服务性企业。

四、农产品市场营销环境综合分析

除了要对宏观环境和微观环境进行研究与分析之外,企业还应对农产品市场营销环境进行综合分析,以便为营销决策的制定提供可靠的依据。常用的评价方法是 SWOT 分析法,即通过对企业内部资源的优势 (Strengths)和劣势 (Weaknesses) 及外部环境的机会(Opportunities) 和威胁 (Threats) 等加以综合评估与分析,了解其所面临的机会和挑战,从而在战略与战术两个层面对方法和资源加以调整。农产品市场营销环境的综合分析也称为机会和威胁分析。SWOT 分析法的步骤如下。

(1) 企业优势和劣势分析

企业优势和劣势分析实质上就是企业内部经营条件分析,或称企业实力分析。

企业优势是指相对于竞争对手而言企业所具备的优势,如人力资源、技术、产品以及其他特殊实力。充足的资金、高超的经营技巧、良好的企业形象、完善的服务体系、先进的工艺与设备、与买方和供应商长期稳定的合作关系、融洽的雇佣关系、成本优势等,都可以形成企业优势。

企业劣势是指影响企业经营效率和效果的不利因素和特征,它们使企业在竞争中处于劣势地位。企业潜在的劣势主要表现在缺乏明确的战略导向、设备陈旧、盈利较少甚至亏损、缺乏管理知识、缺少某些关键的技能、研究和开发工作滞后、企业形象较差、销售渠道不畅、营销工作不到位、产品质量不高、产品成本过高等方面。

(2) 企业机会和威胁分析

由于企业的机会与威胁均存在于市场环境中,因此,机会与威胁分析实质上就是对企业外部环境因素的变化进行分析。

市场环境的变化或给企业带来机会,或对企业造成威胁。市场环境提供的机会能否被企业利用,同时市场环境变化产生的威胁能否被企业有效化解,取决于企业对市场变化反应的灵敏程度和应对能力。市场机会为企业带来的收益的多少,不利因素对企业造成的负面影响的程度,一方面取决于这些因素本身的性质,另一方面取决于企业优势与劣势的结合状况。最理想的机会是那些与企业优势高度匹配的机会,而恰好与企业劣势结合的不利因素将不可避免地消耗企业的大量资源。

(3) 企业内外情况对照分析

将企业的优势和劣势与机会和威胁结合起来分析,也可称为企业内外情况对照分析,常采用矩阵分析法来进行。

(4) 提出对策

SO 策略:依靠内部优势,利用外部机会。

WO 策略:弥补内部劣势,利用外部机会。

ST 策略:利用内部优势,规避外部威胁。

WT 策略:弥补内部劣势,规避外部威胁。

案例分析

南昌县"蔬菜大王"胡某某利用当地濒临鄱阳湖的生态环境优势,大力发展有机蔬果种植,打造有机产品产业基地,做大做强有机品牌,走出了一条差异化、特色化的发展之路。

近年来,食品安全问题成为人们最关注的民生话题之一,购买更健康、更安全的有机食品逐渐成为不少人的新选择,有机稻米、蔬菜、茶叶、杂粮等农副产品和山茶油、核桃油、蜂蜜等加工产品在市场上供不应求,并且价格是常规产品的两三倍。正因如此,老胡燃起了当回农民的梦想。

回乡务农前,老胡用了将近一年的时间,学习考察了国内 70 多家果蔬基地,他发明的"简易高效无土栽培有机蔬果技术""有机蔬苗大棚"等 7 项技术还获得了国家专利。为实现长期发展目标,他还注册了"水岚洲"商标,并对进入商场超市的农产品进行严格检测,绝不将个头、颜色、质量不达标的农产品送往商场超市。

"一分耕耘,一分收获"。老胡凭借勤劳与智慧终于获得了丰厚的回报,目前,他种植的 600 多亩果蔬已实现年产值 1 000 多万元。

思考: 根据资料,利用 SWOT 分析法分析案例。

拓展训练

一、选择题

1. 市场营销环境是指与企业营销活动有潜在关系的(　　)和相关因素的集合。

A. 内部力量　　B. 外部力量

C. 内部力量和外部力量　　D. 各种力量

2. 影响企业营销活动的因素(如人口、经济、自然、科技等)是市场营销环境的(　　)因素。

A. 宏观环境　　B. 微观环境　　C. 作业环境　　D. 直接环境

3.(　　)包括人口的数量、人口的地理分布、人口流动性、人口结构等因素。

A. 地理环境　　B. 人口环境　　C. 自然环境　　D. 社会环境

4.(　　)包括消费者收入水平、消费者支出模式、消费结构以及经济发展水平等内容。

A. 经济环境　　B. 科技环境　　C. 自然环境　　D. 社会环境

二、判断题

1. 农产品市场营销环境是指与工商企业营销活动有关的外部因素和条件。(　　)

2. 农产品市场营销微观环境大致包括五个方面的内容:政治环境、竞争环境、经济环境、法律环境、供应企业。(　　)

3. 人口是构成市场的首要因素,在收入不变的前提下,人口越多,市场规模及潜力越大。(　　)

三、简答题

1. 农产品市场营销宏观环境包括什么?

2. 农产品市场营销微观环境包括什么?

3. 请阐述 SWOT 分析法的主要含义。

单元二　农产品市场消费者分析

案例导入

“水果哥”凭借微信月入 4 万元

许某是石家庄经济学院的一名大学生,在过去 3 个月里,他和他的微信水果店“优鲜果妮”在学校火了一把。作为一名大学生,许某的创业灵感来源于为女友送早餐的偶然经历。他强调:女生几乎每天都要吃水果,如果按每个女生每个月消费 50 元来估算,那么借助于微信卖水果大有赚头。开业之初,“优鲜果妮”生意并不好,常常等上一天才有一笔几元的订单。而微信营销的基本条件之一是有足够多的好友,许某和他的同学采用扫楼的方式来增加好友,将印制的宣传单、广告册分发到学校的教学楼、食堂、宿舍楼,利用课间 10 分钟在各个教室播放“优鲜果妮”的宣传短片……

经过 3 个月的扫楼活动,“优鲜果妮”的关注人数达到了 4 920,这些用户大部分为许某的同学。针对这一点,许某经常推出个性化产品,由各类水果组成的“考研套餐”“情侣套餐”“土豪套餐”吸引了很多同学的眼球。此外,许某还通过公众平台不定时推送天气预报或失物招领信息,以此来引人注意。到目前为止,许某已经实现了月入 4 万元。

思考:根据资料,回答如下问题。

1. 消费者接受产品要经历哪些过程？

2. 消费者的购买行为会受到哪些因素的影响呢？

知识储备

一、农产品消费者购买心理与行为过程

“顾客就是上帝”，能让消费者认可的农产品品牌才具有影响力和市场活力。从消费者的角度来看，他们是如何对一个农产品品牌从不了解到了解，再到最终的接受呢？

小提示

根据消费者对品牌及该品牌的农产品的一般认知过程，品牌农产品的经营者可以从中得到哪些启发呢？其实可以简单地归纳为以下三点。

首先，农产品品牌的宣传是非常有必要的，这是引起消费者注意的关键，但宣传要切合实际。

其次，找准“对的人”进行宣传也是很关键的，因为只有消费者内在有需求，才会在外界宣传的刺激下产生购买欲望和动力。

最后，采取恰当的方式，让消费者有尝试品牌农产品的机会。

从消费者购买心理与行为的角度来分析，消费者对一个品牌及该品牌的农产品从刚接触到接受，一般会经历以下五个阶段。

1. 知觉阶段

在知觉阶段，消费者通过外界的各种信息，包括经营者通过各种媒介渠道登出的广告，如电视广告、报纸广告、广播广告、网络广告等，也包括从身边人口中得到的信息，知道某个品牌及该品牌农产品的存在，并初步了解该品牌及该品牌农产品的一些特点，如质量、特殊功效、价格、优惠信息等。

2. 形成购买动机阶段

在形成购买动机阶段，消费者在知觉阶段的基础上，在内在需求和外在信息的共同刺激下形成了对某个品牌农产品的购买欲望，且内在有着较强的购买动力。例如，消费者通过广告宣传或朋友介绍了解了阳山水蜜桃，刚好自己本来非常喜欢吃水蜜桃，再加上广告宣传或朋友介绍知道了阳山水蜜桃具有形美、色艳、味佳、肉细、皮韧易剥、汁多甘厚、味浓香溢、入口即化等特点，从而对阳山水蜜桃产生了强烈的购买欲望，并有了马上购买的动力。

3. 尝试阶段

在尝试阶段，消费者在内在动力的驱动下，采取尝试购买的行动。接阳山水蜜桃的举例，因消费者已经有了对阳山水蜜桃的购买欲望，所以就会进一步采取尝试购买的行动。因为之前消费者自身并没有实际购买体验，为了防止上当受骗、规避风险，通常会采取两种方式进行尝试：一是少量购买，比如买一斤的阳山水蜜桃回家吃吃看；二是现场品尝，实际上很多农产品的经营者都会让消费者现场品尝。此外，有时候消费者也会向购买过(吃过)该品牌农产品的人进行咨询、吸取经验。

4. 评价阶段

尝试之后，消费者会根据对品牌农产品的印象，包括在知觉阶段获取的各种信息，对该品牌农产品进行评价，评价的结果不仅是对该品牌农产品的评价也是对这个品牌的评价，表现为满意或不满意。在阳山水蜜桃的举例中，如果消费者品尝阳山水蜜桃后感觉口感非常不错，和广告宣传、朋友介绍的一样，甚至还要更好，那么他就会认为阳山这个品牌及阳山水蜜桃这个产品都非常棒。相反，如果他品尝阳山水蜜桃后感觉口感很一般，没有广告宣传、朋友介绍的那么好，那么他就会认为阳山这个品牌及阳山水蜜桃这个产品都比较差，尤其是当前期的信息主要从广告中获得时，他就会更加觉得阳山这个品牌及阳山水蜜桃这个产品都不怎么样，并有种上当受骗的感觉。

5. 接受或否定阶段

在接受或否定阶段，消费者根据自身对品牌农产品的评价，做出接受或拒绝该品牌及品牌农产品的决定，接受就会购买，拒绝就会暂时或永久不进行购买。接阳山水蜜桃的举例，如果消费者觉得口感好，对阳山这个品牌及阳山水蜜桃这个产品比较认可、满意，那么可能就会接受它们，并进行大量、长期的购买。相反，如果消费者觉得口感一般或很差，对阳山这个品牌及阳山水蜜桃这个产品不认可，那么他就不会接受它们，也不会进行大量、长期的购买。

二、影响农产品消费者购买行为的因素

消费者的购买行为会受到文化、社会、个人和心理因素的影响。营销者无法控制这些因素，但是必须把它们列入考虑的范围之内。

1. 文化因素

文化因素包括文化、亚文化和社会阶层。在一生之中，一个人能够确保自身朝着某个方向发展的根本因素是文化。但是，在某一次购买行为中，文化因素所起到的作用并不是决定性的。同样，在产品的营销过程中，并不是只有文化因素才能保证营销的成功。因此，销售人员应综合分析各种文化因素，使之有助于营销。

(1) 文化

文化是组织或者社会成员之间共有的意义、仪式、规范和传统的集合。文化包括价值、道德等抽象的概念，也包括社会所产生和重视的实质物品和服务，如汽车、衣服、食物等。消费者的行为和文化之间的关系是双向的。一方面，在某一时期，与当时占主导地位的文化相契合的产品或服务更有可能被消费者接受；另一方面，在某一时期，某种文化所引起的新产品的研究和革新又为人们当时的主流文化提供了窗口。

(2) 亚文化

社会文化通常可以分为两个层次：一个是全体社会成员共有的基本文化，即主文化；另一个是社会中某些群体所独有的价值观和行为模式，这些独特的价值观和行为模式与社会中群体成员的身份、地位、居住区域等密切相关，这就是亚文化。亚文化构成重要的细分市场，营销人员通常设计满足各种不同亚文化群体消费者需求的产品。

(3) 社会阶层

社会阶层是具有相似社会地位的人的一个开放的群体。同一社会阶层的人往往有着相

同的价值观、生活方式、思维方式和生活目标，这些影响着他们的购买行为。美国市场营销学家和社会学家威廉·劳埃德·华纳(William Lloyd Warner)从商品营销的角度，将美国社会分成六个阶层。每个社会都有不同的阶层，且每个阶层都有不同层次的需求。对于收入水平相同的人，如果其所属阶层不同，那么生活方式、思维方式、购买动机和消费行为也会存在明显的差别。因此，企业营销人员可以根据社会阶层进行市场细分，进而选择自己的目标市场。

2. 社会因素

社会因素主要包括参照群体、家庭等。社会因素是营销工作中至关重要的因素之一。如果忽略了参照群体等社会因素，那么在面对某些消费者的时候，销售人员将难以捉摸他们的心理。因此，销售人员必须对影响消费者购买行为的社会因素进行全面分析，将市场细分，针对不同的消费群体采用不同的策略。

(1) 参照群体

每个人的行为都会受到许多参照群体的影响，这些群体在人的行为、态度的形成过程中起着直接或间接的参考作用。参照群体具有规范和比较两大功能。打个比方，在规范方面，父母设立的标准会让子女在衣食住行方面形成与父母类似的观念和态度；在比较方面，多数人在装修住宅时都会预先参考朋友的装修经验。

根据参照关系中个体的地位和个体的影响程度，可以将参照群体分为会员群体、热望群体、拒绝群体和回避群体。

(2) 家庭

家庭是消费者个人所归属的最基本团体。一个人会从父母那里学到许多日常的购买行为，即使在长大离家后，父母的教导仍然对其有明显的影响。与此同时，消费者购买行为深受家庭生命周期的影响，在每一个生命周期阶段，消费者都有不同的购买行为，销售人员有时可以生命周期阶段来界定其目标市场，并针对不同的生命周期阶段制定不同的营销策略。

3. 个人因素

企业与销售人员面临的问题是如何让消费者的个人因素和销售行为互动起来，因此，消费者的个人因素是营销过程中的决定性因素。在分析个人因素过程中，需要考虑消费者在各个年龄段与生命周期阶段的行为特点。处于不同生命周期阶段的消费者的判断依据不同，由此产生的行为方式也不同。此外，还需要关注消费者的职业特点，并应当根据不同的职业群体，分析其价值观、物质文化、审美标准、生活形态等特征。

(1) 价值观

价值观是指人们对社会生活中各种事物的态度和看法。在不同的文化背景下，人们的价值观相差很大。市场的流行趋势会受到价值观的影响。企业在制定促销策略时应该将产品与目标市场的文化传统尤其是价值观联系起来。

(2) 物质文化

物质文化由技术和经济构成，它影响人们的需求水平，也影响产品的质量、种类、款式、生产与销售方式。一个国家的物质文化对市场营销具有多种意义。例如，电动剃须刀、多功能食品加工机等小电器，在发达国家已经完全被接受，而在某些贫困国家要么被忽略，要么没人买，而且往往被视为一种奢侈与浪费。

(3) 审美标准

审美标准通常指人们对事物的好坏、美丑、善恶的评价标准。由于审美标准对理解某一特定文化中艺术的表现方式、色彩等起了很大的作用，所以营销人员要尤其把握和重视审美标准。如果对一个社会的审美标准缺乏文化上的正确理解，那么产品设计、广告创意就很难取得成功；如果对审美标准感觉迟钝，那么产品的款式与包装就不能发挥效力，而且还会冒犯潜在的消费者或者给消费者留下不良印象。

(4) 生活形态

生活形态是人们遵循的一种生活方式，包括使用时间和花费金钱的方式。一个人的生活形态通常通过其活动(Activity)、兴趣(Interest)和意见(Opinion)来表达。

即使人们来自相同的社会阶层或职业群体，也可能有不同的生活形态。譬如，有人选择努力工作、追求成就，有人选择游山玩水、悠闲自在。销售人员应设法了解消费者的生活形态，并使其产品或品牌形象与消费者的生活形态相契合。

4. 心理因素

个人因素是营销成败的决定因素，而心理因素则是指导消费者购买行为的最为关键的因素，所有的影响因素最终都与心理因素有关。因此，企业和销售人员应该深入了解消费者的心理因素，如需要、认知、态度、学习等影响消费者购买行为的心理因素。只有这样企业和销售人员才能在营销过程中如鱼得水。

(1) 需要

在一定的生活环境中，人们为了延续和发展生命而对客观事物产生欲望，这种欲望反映的就是需要。心理学研究表明，人的需要是由于自身缺少某种生理或心理因素而产生的与周围环境不平衡的某种状态。人们的需要确定了人们行为的目标，因此，需要是推动人们活动的内在驱动力。

美国著名的心理学家亚伯拉罕·哈罗德·马斯洛(Abraham Harold Maslow)于1951年提出了“需要层次论”。他根据人们对需要的不同程度，把需要分成五个层次，即生理需要、安全需要、社会需要、尊重需要和自我实现需要。根据马斯洛的“需要层次论”，人的各种需要具有以下三个特点。

① 人的需要是由低级向高级发展的，只有低层次的需要得到了满足，才能产生高一层次的需要。

② 当各个层次的需要全部得到满足或部分得到满足后，人们就会开始追求各个层次需要的质量水平。

③ 各个层次的需要可能交替出现，即它们具有相互交织、波浪式发展的性质。

马斯洛认为，每个人的行为动机一般都要被不同需要所支配，已满足的需要不再具有激励作用，只有未满足的需要才具有激励作用。这一观点对营销人员具有很大的启示。首先，营销人员要不断发现消费者未被满足的需要，并应想方设法、最大限度地满足他们；其次，营销人员在分析消费者特性后，应将促销方式、宣传手段集中于多个层次的需要上，以获得最理想的效果；最后，营销人员可以针对某个层次的需要来确定目标市场，并进一步制定市场营销策略。

(2) 认知

消费者对商品的感觉与知觉、记忆与思维构成了对商品的认知。感觉与知觉是指人们通过感觉器官对商品个别属性或整体的认知。这是认知过程的形成阶段。知觉是感觉的延伸，它受到各种主观因素和客观因素的影响。其中，消费者自身的兴趣爱好、个性、对品牌的偏爱是知觉的先决条件；产品形象、企业形象及其吸引力是知觉的基本条件；广告宣传、促销则是促成消费者对商品产生知觉的关键因素。

为了进一步加深对商品的认知，消费者会利用记忆、思维等心理活动来完成认知过程。记忆是指人们过去经历过的事物在大脑中的反映，可在一定的条件下重现，对消费者的认知发展具有十分重要的作用。商品的名称、商标、包装、广告均为消费者记忆的主要内容，其中商标是最易被消费者识别和记忆的内容。思维是人脑对客观现实概括的和间接的反应。消费者通过对由感知、记忆形成的商品“印象”进行分析、比较、判断、推理、综合等环节，达到认知发展的高级阶段，最终做出购买决策。

营销人员应该随时洞察消费者的心理活动，利用广告宣传、人员推销等手段引起消费者对商品的关注，激发消费者对商品的欲望和需求，从而促成消费者的购买行为。

(3) 态度

态度是指消费者在购买或使用商品的过程中对商品或服务及其有关事物形成的反应倾向，即对商品的好恶、肯定与否定的情感倾向。消费者若持肯定态度，则会推动其采取购买行为；若持否定态度，则会阻碍甚至中断其购买行为。根据消费者在购买商品时所反映的态度的不同程度，可将其分为三种类型。

① 完全相信型。即消费者对所要购买的商品的各个方面持完全肯定的态度。这种态度往往有利于购买行为的实现。

② 部分相信型。即消费者对所要购买的商品并不是十分满意或不完全相信。在这种情况下，消费者往往犹豫不决，拿不定主意。营销人员应该在消费者面前操作商品，并对商品进行详细讲解，以增强消费者对商品的信任感，并最终促使其购买。

③ 不相信型。即消费者对所要购买的商品持完全否定的态度。造成这种情况的主要原因有三个：第一，商品不符合消费者的心理需求；第二，消费者发现了商品的缺陷及不足；第三，消费者发现商品的实际性能与广告宣传不符。

如果消费者对商品持不相信的态度，一般很难出现购买行为，企业只有通过各种方式消除消费者的怀疑，改变消费者的态度，才会引起消费者的购买欲望，从而促使其购买。影响消费者态度转变的主要因素有价值观念、经验、个性等，同时消费者的态度还会受到广告宣传、消费者之间的相互交流、群体压力等外界因素的影响。因此，企业和营销人员必须做到以下三点：利用各种方法(如广告宣传、商品展销、操作示范等)向消费者介绍商品信息；提高商品质量，改进商品性能，树立企业信誉和企业形象；加强商品的售前、售中和售后服务，促进消费者态度转变。

(4) 学习

人类除了食、性等本能驱动力支配的行为外，其他行为都是经过学习而产生的。消费者的学习是指其在购买和使用商品活动中不断获得知识、经验和技能，并不断完善其购买行为的过程。

消费者的学习有以下几种类型。

① 模仿式学习。即消费者通过获取信息、模仿他人的方法进行学习，结果是摒弃旧的消费方式，适应新的需求水平。

② 反应式学习。即当消费者受到外界信息或事物的不断刺激时，会形成一种相应的反应，并通过感观和体验进行学习，从而产生购买行为。

③ 认知式学习。即消费者通过学习前人经验，结合自己的学识、经历和辨别能力，做出购买决策的判断。

学习对于更好地指导、促进消费者的购买行为具有十分重要的作用，主要体现在：使消费者对商品更加了解，丰富消费者的购买经验；进一步提高消费者的购买能力，促进消费者购买行为的完成；有助于激发消费者的重复购买行为。

三、农产品消费者购买行为的类型

1. 按消费者的购买态度和要求划分

(1) 习惯型

习惯型购买行为是指消费者并未深入搜集商品信息和评估品牌，只是习惯性地购买自己熟悉的品牌，在购买后，可能评估也可能不评估商品。

(2) 理智型

理智型购买行为是指消费者在购买商品时感情色彩较少，以理智为主，只有经过周密的分析和思考后，才会做出购买决定。在购买商品时，这类消费者不易受广告或他人的影响，在挑选商品时比较耐心、细致、认真。

(3) 冲动型

冲动型购买行为是指消费者心境变化快、情绪易激动，往往表现出冲动购买行为，且易受外界因素的影响，凭直觉快速购买，购买后常常感到后悔。

(4) 从众型

从众型购买行为是指消费者常常会受到其他人的影响，认为只要很多人购买，便一定不会错，但自己却不对所要购买的商品进行分析、比较。例如，在购买服装、日常生活用品时，消费者的这种从众心理表现得尤为明显。

(5) 经济型

经济型购买行为是指消费者特别重视价格，对价格的反应特别强烈。购买时，无论是选择高档商品还是中低档商品，这类消费者首先关注的就是价格。他们对“大甩卖”“清仓”“亏本销售”等低价促销活动最感兴趣。一般来说，这类消费者的购买行为与自身的经济状况有关。

2. 按消费者购买目标的选定程度划分

(1) 不确定型

不确定型购买行为是指消费者多半属于尝试性购买，购买时没有固定的喜好，是否发生购买行为与消费者的心理状态和商店的内外部环境有关。

(2) 半确定型

半确定型购买行为是指消费者在进入商店前并没有具体目标，但已有一个大致的目标，最后是否购买要经过选择、比较来确定。如一位消费者要购买电视机，但不确定电视机的品牌、款式、性能、型号等，他需要对同类商品进行了解、比较、评估，且经过较长时间的考虑，才能确定是否购买。

(3) 确定型

确定型购买行为是指消费者在进入商店前，对所要购买商品的品牌、价格、性能、种类等已有明确的要求，他们的目标明确，一旦商品满足他们的需求，就会毫不犹豫地购买。可见，这一购买行为是在非常明确的目标的指导下完成的。

拓展训练

一、单选题

1. 对消费行为影响最广泛、最深远的因素是(　　)。

A. 文化因素　　B. 社会因素　　C. 个人因素　　D. 心理因素

2. 不同品牌的产品差异明显，但消费者并不愿多花时间去选择和估价，这时一般采用(　　)购买行为。

A. 习惯性　　B. 寻求多样化　　C. 复杂　　D. 化解不协调

二、多选题

1. 影响消费者购买行为的主要因素包括(　　)。

A. 文化因素　　B. 社会因素　　C. 心理因素　　D. 个人因素

2. 下列哪些是影响消费者购买行为的文化因素？(　　)

A. 文化　　B. 亚文化　　C. 社会阶层　　D. 家庭

三、简答题

1. 影响消费者购买行为的因素有哪些？

2. 简述消费者对商品的认知过程。

3. 按照消费者的购买态度和要求划分，消费者购买行为分为哪几种类型？

模块二
农产品市场细分与定位

农产品企业在开展市场营销时，对整个市场进行细分是非常有必要的，因为市场细分是农产品企业把握市场机会，有效利用资源，制订农产品计划和营销方案的关键。

学习目标

知识目标

1. 掌握农产品市场细分方法，熟悉农产品细分标准。
2. 掌握农产品目标市场选择的方式。
3. 掌握农产品市场定位的概念和方式。

能力目标

1. 能正确运用农产品市场细分方法和农产品细分标准，对农产品市场进行细分。
2. 能结合细分市场需求选择适合的农产品目标市场进行投放，明确农产品市场定位。

素质目标

1. 提高对营销工作的兴趣。
2. 增强团队合作意识。

单元一 农产品市场细分

案例导入

五粮液零售价上调 50 元,茅台一年涨价 8 次

随着春节临近,白酒的供需矛盾更加突出。贵州茅台上周五发布公告称,将贵州茅台酒的出厂价格上调约 20%。而五粮液昨天在终端市场上也开始了新一轮的涨价。据了解,53 度 500 mL 装的普通贵州茅台酒的出厂价约为 388 元,在贵州茅台酒专卖店的销售限价为 538 元。但在昨天,西直门附近的一家白酒专卖店的销售人员告诉记者,53 度茅台酒的价格在上周已经从 688 元上涨到了 728 元,38 度茅台酒的价格从 418 元上涨到了 438 元,15 年的年份酒的价格也从 3 180 元上涨到了 3 280 元。茅台酒自 2007 年年初以来已经有 8 次涨价。巧合的是,从昨天开始,部分经销商也上调了五粮液的价格。记者了解到,68 度、52 度、39 度五粮液的零售价格都上调了 50 元,分别达到了 588 元、568 元和 488 元。黄酒品牌古越龙山决定从 1 月 10 日起上调高档礼盒酒产品的出厂价,从 1 月 20 日起还将上调部分箱装酒及坛装酒产品的出厂价,包括一年陈、三年陈、五年陈、八年陈,总体平均涨幅约为 10%。

(节选自:北京晨报,2008 年 1 月 14 日)

思考:什么是市场细分?谈谈你对茅台、五粮液等酒市场细分的理解。

知识储备

一、农产品市场细分概述

农产品市场细分就是根据农产品总体市场中不同购买者在需求、购买行为和购买习惯等方面的差异性,把农产品总体市场划分为若干个不同类型的购买者群体的过程。每个用户或消费者群体就是一个细分市场,或称子市场。每一个细分市场都是由具有类似需求倾向的消费者构成的群体,分属于不同细分市场的消费者对同一农产品的需求与欲望存在明显的差异。

随着农产品种类的极大丰富,消费者的购买行为、对农产品的需求与欲望以及对农产品营销人员的营销策略的反应等表现出很大的差异性,这种差异性使农产品市场细分成为必然。广大农户若想求得生存和发展,在竞争激烈的市场上站稳脚跟,就必须通过市场调研,根据消费者在需求、欲望、购买行为、购买习惯等方面的差异性进行市场细分,发现市场机会。

二、农产品市场细分的作用

1. 有利于农户发现市场营销机会

市场营销机会是已经出现在市场但尚未加以满足的需求。运用市场细分手段，农户不仅可以找到对自己有利的目标市场，推出相应的产品，还可以根据目标市场的变化情况，不断改进老产品，研发新产品，开拓新市场。比如，北方一些农户把鸡蛋的蛋黄和蛋清分开卖，爱吃蛋黄的消费者买蛋黄，爱吃蛋清的消费者买蛋清，各得其便，这样消费者得到了实惠，农户也赚到了比以前更多的钱。

2. 有利于农户制定有效的市场营销组合策略

市场细分是市场营销组合策略运用的前提，即农产品生产经营者若想实施市场营销组合策略，就必须先对市场进行细分，确定目标市场。这是因为任何一个优化的市场营销组合策略的制定，都是针对所要进入的目标市场。离开目标市场，制定市场营销组合策略就变得无的放矢，这样的策略是不可行的，更谈不上优化。

小提示

水果玉米

微玉创始人翁钦在引进台湾水果玉米之初，尝试在农贸市场销售，但由于价格较高且消费者不认可，销售量不佳。后来，翁钦决定将水果玉米定位为“主食玉米”，并尝试在水果店销售，销售量因此逐渐增加。这个案例说明，市场细分能够帮助农产品企业找到适合自己的目标市场，并制定有效的市场营销策略。由此可见，农产品细分市场对于农产品企业的发展具有重要意义。通过市场细分，农产品企业不仅可以更好地了解市场需求和竞争情况，找到更加精准的目标消费者群体，还可以制定更加有效的市场营销策略，提高市场占有率。

3. 有利于农户扬长避短、发挥优势

对于整个市场来说，每一个农户的经营能力都是极为有限的，所以农户必须将整个市场细分，确定自己的目标市场，把自己的优势集中到目标市场上，否则就会失去优势，从而在激烈的市场竞争中被淘汰。

4. 有利于研发新产品，满足消费者多样化的需求

当众多的农户实行市场细分战略时，那些尚未得到满足的消费需求就会逐一成为这些农户的一个又一个的市场机会。同时，随着新产品层出不穷，市场上产品的种类越来越多，人们生活的质量也越来越高。

三、农产品市场细分的原则

对市场进行细分可以得到若干个细分市场，但并不是所有的细分市场都是有效的。为了使细分市场有效，在进行市场细分时应遵循以下四个原则。

1. 细分市场必须具有明显的差异性

差异性是指在细分市场中，消费者需求的差异性能够被明确反映，细分市场的范围、容量、潜力等能被定量地加以说明。因此，企业在对消费者需求进行分类时，只有根据可靠的依据，才能进行市场细分。

2. 细分市场必须具有可进入性

企业进行市场细分的目的是确定并打入目标市场。如果细分后的市场的消费者不能有效地了解产品特点，不能通过一定的渠道购买产品，那么市场细分就失去了意义。因此，企业进行市场细分时要充分考虑自身是否有可能进入目标市场。

3. 细分市场必须具有较多的需求

细分市场必须具备合理的范围，并存在一定规模的购买潜力。在进行市场细分时，企业如果把市场划分得太粗，细分市场中就会存在具有不同需求的消费者，企业也难以提供满足他们需求的产品；但若划分得太细，细分市场中的消费者就会太少，难以形成一定的需求规模，企业也难以获得较高的利润。因此，对市场进行细分时，企业应全面考虑各方面的因素，对细分市场进行客观的评估，保证细分市场具有一定规模的购买潜力，以确保自身获得合理的利润。

4. 细分市场必须具有相对的稳定性

消费者的消费心理是经常变化的，如果细分市场消费者的需求变化太快，那么企业制定的经营策略就会有很大的风险，有时甚至会造成严重的损失。因此，细分市场要能够保证企业在一段相当长的时间内保持经营上的稳定及取得利润，避免目标市场变换过快给企业带来的风险和损失。

四、农产品市场细分的类型

农产品市场细分的依据是消费者需求的多样性、差异性。消费者对农产品的需求与偏好主要受地理因素、人口因素、心理因素、行为因素等方面的影响，因此，这些因素都可以作为农产品市场细分的依据。

小提示

当前农产品买卖难是普遍现象，这在很大程度上是由许多农户、农产品加工企业并没有真正进行市场细分所致的。有的农户或农产品加工企业自认为“细分”了，但实际上却分得很粗，如把蛋类分为鸡蛋、鸭蛋等大类别，把鸡肉加工分为烤鸡、炸鸡等不同加工方法的大类别等，结果导致生产经营趋同化，农产品市场竞争更加激烈。同样是细分，一只鸡能被内蒙古草原兴发集团研发出 140 余种深加工产品，仅鸡胸肉就有 8 种产品之多。

1. 地理细分

地理细分是指按照消费者所处的地理位置、自然环境来细分市场。之所以把地理因素作为市场细分的依据，是因为处在不同地理环境下的消费者对于同一类产品往往有不同的需求与偏好，对企业采取的营销策略与措施也有不同的反应。例如，在我国沿海的一些省份，某些海产品被视为美味佳肴，而内地省份的许多消费者则觉得味道一般。又如，考虑到我国市场营销环境的差异性很大，河北华龙集团制定了区域产品策略，最大限度地分割了当地市场，在河南推出了“六丁目”，在东北地区推出了“东三福”，在山东推出了“金华龙”等。

地理变量易于识别，是细分市场时应考虑的重要因素。然而，处于同一地理位置的消费者的需求仍会有很大差异。以我国的一些大城市为例，如北京、上海等，流动人口逾百万，这些流动人口本身就构成一个庞大的市场，显然，这一市场的消费者就有许多不同于常住人口市场的需求。因此，简单地以某一地理特征区分市场，不一定能真实地反映消费者的需求共性与差异，企业在选择目标市场时，还需综合考虑其他细分变量。

2. 人口细分

人口细分是指以人口统计变量，如国籍、种族、年龄、性别、收入、职业、受教育程度、家庭规模、家庭生命周期等为基础细分市场。消费者的需求、偏好与人口统计变量有着很密切的关系。如相比收入水平较低的消费者，收入水平较高的消费者更有可能成为高档服装、名贵化妆品、高级珠宝等产品的购买者。人口统计变量比较容易衡量，有关数据相对容易获取，因此，企业经常把它作为细分市场的依据。实际上，大多数企业通常采用两个或两个以上人口统计变量来细分市场。

小提示

河北华龙集团根据收入因素推出不同档次的产品，主推的大众面有“108”“甲一麦”“华龙小仔”，中档面有“小康家庭”“大众三代”，高档面有“红红红”“煮着吃”。同时，河北华龙集团还根据年龄因素推出适合儿童和少年的“A-干脆面”系列和适合中老年人的“煮着吃”系列。

3. 心理细分

按照地理标准和人口标准划分的处于同一群体中的消费者对同类产品的需求仍具有差异性，这可能是消费者的心理因素在发挥作用。心理因素包括个性、购买动机、价值观、生活格调、追求的利益等变量。如不同的消费者在购买农产品时有不同的购买动机：求实动机、求廉动机、求名动机、求美动机、显贵动机、好奇动机等。有些老年人专买便宜的菜，是出于求廉动机；有些年轻人专买自己没有吃过的特色菜，是出于好奇动机。

4. 行为细分

行为细分是指根据购买者对产品的了解程度、态度、使用情况及反应等将他们划分成不同的群体。行为变量能更直接地反映消费者的需求差异，因而成为市场细分的最佳起点。例如，根据消费者是否使用产品和产品使用程度细分市场，通常可将其分为经常购买者、首次购买者、潜在购买者和非购买者。又如，根据消费者使用某一产品的频率细分市场，通常可将其分为重度使用者、中度使用者和轻度使用者。消费者购买某种产品总是为了解决某类问题、满足某种需要。然而，产品提供的利益往往不是单一的，而是多方面的，消费者在追求这些利益时往往会有所侧重。例如，生产果珍等清凉解暑饮料的企业可以根据消费者的不同口味将果珍市场划分为不同的子市场。又如，肉类加工企业可以根据消费者的偏好把猪肉分割为瘦肉、排骨、肥肉和猪皮；把鸭子的舌头、鸭脖、鸭肠、鸭肝等分割开来，加工成特色产品；把鱼分割为鱼头、鱼身、鱼尾。

以上是根据单个因素细分市场，还可以根据多个因素细分市场。若选择京津蔬菜市场，则应考虑农产品的质量是高档还是低档、价位是高价还是低价；若选择高收入家庭作为目标市场，则应研发高档次和高价位的农产品。

根据细分变量划分出的农产品细分市场是否具有开发价值，还需考虑农产品细分市场是否具有足够的购买力、农产品细分市场规模是否足够大、农产品经营者是否有能力进入所选定的农产品细分市场等。

农产品市场的规模相对来说比较大，任何一个农产品企业都不可能经营全部农产品，因此，进行市场细分是很有必要的。

五、农产品市场细分的步骤和禁忌

农产品市场细分的步骤如下。

(1) 确定细分市场

首先，要了解当前市场中的潜在消费者和他们的需求、行为和购买习惯。可以通过市场调研和数据分析的方式来获取信息，包括消费者购买渠道、购买频率、购买力、购买意愿等一系列信息，并通过分析这些信息得到若干个相似的消费者群体，以确定需要细分的市场。

(2) 确定细分市场的特征

其次，需要对每个市场进行特征分析，也就是研究每个市场的消费者群体的特征，如兴趣爱好、消费能力、消费需求等。通过利用这些特征，可以将市场细分得更加精确，从而确定目标消费者，并针对他们制订更加精准的营销方案。

(3) 制订针对性的营销计划

最后，要针对每个细分市场制订相应的营销计划，以满足不同消费者的需求。针对不同的细分市场，可以采取不同的营销策略和手段。例如：对于高端市场，可以推出高品质的产品和服务；对于成本敏感市场，可以通过促销等手段来吸引消费者。

在市场细分过程中，不同的企业可能会采用不同的方法，但总体上可以按照上述三个步骤来进行。

农产品市场细分的禁忌如下。

(1) 忌模仿他人

农产品生产经营者的模仿性很强，尤其是没有市场经验的农户，他们对市场信息把握不准，往往看别人种什么就跟着种什么。这样一来，大家共同经营同一种农产品，都把同一个细分市场作为自己的目标市场，从而极有可能造成某一种农产品的供给在短期内或者某一特定区域内远远大于市场需求，出现“谷贱伤农”的现象。

(2) 忌盲目进入市场

农产品生产经营者往往在对产品有了感性认识后，便迫不及待地进入目标市场，但往往会因受技术、管理经验、市场信息、消费者信息等因素的制约而功亏一篑。

(3) 忌随便转换细分市场

一些农产品生产经营者抵挡不住其他产品一时走俏的诱惑，往往在准备不足的情况下，轻易放弃自己已有的优势而盲从他人，结果不是因为种植技术落后而造成产量和质量不尽如人意，丧失竞争力，就是因不熟悉市场导致产品无人问津。曾有一农户，先后种植过梨、苹果、西瓜、青菜、棉花等多种农作物，却一直没能致富，其中的根本原因就是一个人的精力和能力是有限的，经常改变种植的农作物种类，反而失去了优势，自然也就失去了竞争力。市场细分的根本目的就是在寻求差异化的前提下保持竞争优势。

(4) 忌盲目听信外界传言

在如今的信息时代，信息能够带来便利、机会和财富，但如果不分析所掌握的信息，也极有可能遭遇失败。

(5) 忌“一根筋”

喜新厌旧是消费者的一种普遍心理，随着市场发展，消费者的爱好时刻都在变，所以不能用固定的观念去看待变化的市场。农产品生产经营者可利用产品销售量、市场占有率等指标分析产品处于生命周期的哪一个阶段，只有真正掌握产品的生命周期，才能有针对性地制定市场策略。

市场细分就是在寻找差异化。任何一种农产品都不可能满足所有消费者的需求。研究和分析消费者需求和欲望的差异性，并据此把农产品市场细分为几个甚至多个更加专业化的市场，结合自身条件和优势，有针对性地选择一个或者多个适合自己的目标市场进行生产经营活动，这就是市场细分。

市场细分能帮助农产品生产经营者了解市场的各个部分和判断客户群是类似的还是不同的，如果农产品生产经营者能比竞争对手做得更好的话，那么观察和选择市场的能力可以成为一种竞争优势。

拓展训练

一、选择题

1. 消费者市场的四个主要细分变量是(　　)。

A. 行为、利益、人口、心理　　B. 行为、心理、人口、地理

C. 时机、态度、人口、利益　　D. 气候、收入、态度、个性

2. 消费者市场的细分变量主要有地理变量、人口变量、心理变量和行为变量等四类。其中，使用者情况属于(　　)。

A. 行为变量　　B. 人口变量　　C. 心理变量　　D. 地理变量

3. (　　)差异的存在是市场细分的客观依据。

A. 产品　　B. 价格　　C. 需求偏好　　D. 细分

4. 某跨国集团将其目标市场划分为亚洲、欧盟、北美等，其划分方法属于(　　)。

A. 地理细分　　B. 人口细分　　C. 心理细分　　D. 行为细分

二、判断题

1. 市场细分是选择目标市场的前提。(　　)

2. 消费者需求和购买行为的差异性和同类性是市场细分的主要依据。(　　)

三、简答题

1. 农产品市场细分的作用有哪些？
2. 农产品市场细分的标准有哪些？
3. 农产品市场细分的禁忌有哪些？

单元二　农产品目标市场选择与市场定位

案例导入

上海泽福食用菌种植专业合作社探索“活体菌菇＋林下菌菇”产业

上海泽福食用菌种植专业合作社于2009年入驻上海青浦现代农业园区，创始人彭兆旺先生发明“带料菌棒栽培”技术，被业界称为“菌棒之父”。历经三代传承和58年的探索，上海泽福食用菌种植专业合作社已从仅专注于菌棒原料和种植，发展成集食用菌技术研发、生产种植、营销、物流与出口为一体的综合性现代农业企业。目前，上海泽福食用菌种植专业合作社拥有活体有机菌菇工厂化生产基地90亩，林下食用菌种植基地350亩。

随着食用菌市场的日益饱和，上海泽福食用菌种植专业合作社不仅通过技术革新，运用工厂化经营模式，研发食用菌产品品类，开辟活体菌菇产业，还通过细分市场，成功找到了转型升级的突破口。上海泽福食用菌种植专业合作社借助于青浦绿色生态优势，发展林下产业，并经过不断探索，走出了一条“工厂化活体菌菇＋原生态林下菌菇”的特色产业之路。

（节选自：人民资讯，2021年8月19日）

思考：根据资料，回答如下问题。

1. 农产品目标市场选择的依据是什么？
2. 上海泽福食用菌种植专业合作社的市场定位是什么？给了你哪些启示？

知识储备

一、农产品目标市场选择

市场细分的主要目的是选择目标市场。目标市场是企业为满足现实或潜在需求而开拓和准备进入的特定市场，即企业在市场细分的基础上，根据自身资源优势准备为之服务的那部分消费者群体。企业首先要认真评估各个细分市场，其次要根据自己的营销目标和资源条件选择适当的目标市场，最后制定相应的目标市场营销策略。

1. 评估细分市场

评估细分市场是进行目标市场选择的基础，企业要选择目标市场，首先要确定有哪些细分市场是可供选择的，因为并不是所有的细分市场都适合本企业。因此，在确定目标市场之前，企业要对细分市场进行评估，主要从以下三个方面考虑：一是各个细分市场的规模和潜力；二是各个细分市场的结构的吸引力；三是企业本身的目标和资源优势。

(1) 各个细分市场的规模和潜力

企业在评估细分市场时，首先要考虑的是细分市场有没有适当的规模和一定的发展潜力。细分市场的规模是相对企业的规模和实力而言的。对于规模较小的市场，大企业基本不会涉足；而对于规模较大的市场，小企业又缺乏足够的资源来进入，并且也无力与大企业竞争。细分市场的潜力决定着企业能否在这个细分市场上持续稳定地发展。如果细分市场属于没有发展前途的夕阳产业或其产品处于衰退期，那么即使这个细分市场目前有较大的销售量，企业也不应进入。

(2) 各个细分市场的结构的吸引力

细分市场结构的吸引力是指由某一细分市场内经营者的数量与质量、市场进入与退出的限制、产品销售与供应状况等因素所组成的市场结构对其长期盈利能力的影响。如果某个市场已有众多实力强大的竞争者，那么该市场就会失去吸引力；如果某个市场可能吸引新的竞争者加入，且这些竞争者将投入大量资源来争夺市场，提高市场占有率，那么这个市场也没有吸引力；如果某个市场的产品存在现实的或潜在的替代产品，那么这个市场也不具有吸引力。

(3) 企业本身的目标和资源优势

企业进行市场细分的根本目的就是要发现能够与自己的资源优势较好地结合的市场需求。企业的资源优势表现在其资金实力、技术开发能力、生产规模、经营管理能力、地理位置等方面。

2. 选择目标市场

企业通过评估细分市场选择目标市场时有五种可供参考的市场覆盖模式。

(1) 市场集中化

市场集中化是一种最简单的市场覆盖模式，是指农产品企业只选取一个细分市场且只生产一类产品，如厂商只生产儿童服装。选择市场集中化模式一般基于以下考虑：企业具备在细分市场从事专业化经营的优势；企业因受限于资金，只能经营一个细分市场；企业在细分市场中没有竞争对手；企业准备以此为出发点，向更多的细分市场扩展。

(2) 选择专业化

选择专业化是指农产品企业选取若干个具有盈利潜力和市场吸引力，且符合企业目标和资源条件的细分市场作为目标市场，其中每个细分市场与其他细分市场之间的联系都比较少。这样的优点是可以有效地分散经营风险，即使某个细分市场经营状况不佳，仍可在其他细分市场取得利润。采用选择专业化模式的企业应具有较多的资源和较强的营销能力。

(3) 产品专业化

产品专业化是指农产品企业集中生产一种产品，并向各类消费者销售这种产品，如饮水器厂家只生产一个品种，同时向机关、学校、银行、招待所等各类消费者销售。产品专业化模式的优点是能够使企业专注于某一种或某一类产品的生产和经营，有利于企业形成和发挥生产与技术上的优势。这种模式的局限性是当企业生产的这种产品被一种全新的产品所代替时，这种产品的销售量有大幅度下降的风险。

(4) 市场专业化

市场专业化是指农产品企业专门经营满足某一类消费者群体需要的各种产品，比如某工程机械企业专门向建筑企业供应推土机、打桩机、起重机、水泥搅拌机等建筑工程中所需要的机械设备。在市场专业化模式下，企业经营的产品的类型很多，这样能有效地分散经营风险。但由于集中于某一类消费者群体，所以当这类消费者群体的需求下降时，企业也将面临收益下降的风险。

(5) 市场全面化

市场全面化是指农产品企业生产多种产品去满足各类消费者群体的需要。一般来说，只有实力雄厚的大型企业才选用这种模式，且能够得到良好的效果。例如，美国的 IBM 公司在全球计算机市场、丰田汽车公司在全球汽车市场都采取了市场全面化的模式。

3. 制定目标市场营销策略

(1) 无差异性营销策略

无差异性营销策略是指企业把整个市场看作一个目标市场，在进行营销活动时只考虑消费者在需求方面的共同点，因此只推出单一的标准化产品或只设计一种组合产品，通过无差异的大力推销，吸引尽可能多的购买者。

小提示

实行无差异性营销策略的企业一般基于两种指导思想。一种思想是企业从传统的产品观念出发，强调需求的共性而不考虑需求的差异，面对整个市场，只提供单一的标准化产品，这种思想在卖方市场条件下使用得较多。另一种思想是企业经过市场调查之后，认为某些产品的消费需求大致相同或差异较小，从而采用大致相同的营销策略。无差异性营销策略最大的优点是成本低、经济性好。

随着消费者收入水平和消费水平的提高，消费者之间的需求差异性也随之扩大，无差异性营销策略难以适应这种形势，并且当众多企业都采取这种策略时，就会形成整个市场竞争激烈，而小的细分市场的需求却得不到满足的局面，这对企业和消费者都是不利的。如原来人们对鸡蛋的需求没有什么特别之处，但随着生活水平的提高，人们越来越注重营养，这就给传统鸡场带来了挑战。如果农产品经营者仍然只考虑消费者对鸡蛋数量的需求，而不具体分析消费者对鸡蛋的色泽、口感、蛋白质含量等的需求差异，那么大众化鸡蛋消费市场上的竞争将十分激烈，出现供大于求的市场态势。可见，无差异性营销策略有可能不利于某些农产品的经营者和消费者。

(2) 集中性营销策略

集中性营销策略是指企业在细分市场的基础上选择一个细分市场作为自身的目标市场，并将所有的资源力量集中于此，进行专业化的生产和销售。这种策略特别适合资源力量有限的中小企业。在大企业尚未顾及或尚未建立绝对优势的某一个或某几个细分市场中，这些中小企业具有更大的竞争优势。这种策略的不足是农产品经营者承担的风险较大，如果目标市场的需求情况突然发生变化，或者目标消费者的兴趣突然转移，或者目标市场上出现了强有力的竞争对手，企业就有可能陷入困境。现在一些农户或小企业把所有的资源和资金用于专业种植或养殖，就是集中性营销策略的体现。

小提示

四川省雅安市雨城区草坝镇某农户在具体细分雅安市民对鸡的需求的基础上，避开大众性消费群体而选择了特定性消费群体（追求营养品质型产品的消费群体）作为目标市场，专门生产放养的、不喂饲料添加剂的土乌骨鸡，这种绿色无公害的乌骨鸡在市场上供不应求。

随着生活水平的进一步提高，消费者开始关注自身健康和农产品安全问题，绿色农产品将成为部分消费者的首要选择。当前倡导研发具有生态性、科学性和安全性的绿色农产品就是为了满足消费者崇尚自然、返璞归真的心理。可见，研发有特色的绿色农产品并进行集中性营销需要特定的市场基础。

(3) 差异性营销策略

差异性营销策略是指企业在市场细分的基础上，选择两个或两个以上细分市场作为自己的目标市场，并为每个选定的目标市场制订不同的市场营销组合方案，开展针对性的营销活动。企业采用这种策略的优点是能够满足不同消费者群体的需要，易得到较好的营销效果。另外，企业选择两个以上的目标市场还可以取得连带优势，提升知名度。

目前，消费者对新奇农产品的差异性需求形成了新的消费动向。如乌骨鸡、七彩龟、黑小麦、黑玉米等农产品因为颜色特别、药用价值较高，不仅市场销路好，而且经济效益高。如果具有相当实力和擅长营销的农户或企业能够针对消费者的差异性需求开展差异性营销，那么这些农户和企业选择的目标市场营销策略就是差异性营销策略。这种策略会使得营销组合复杂化，大大增加企业的生产费用、管理费用、库存费用和促销费用，从而有可能对经济效益造成不利的影响。另外，这种策略会使得产品多样化和市场经营范围变大，这就要求企业具有比较雄厚的人力、物力、财力和较高的经营管理水平。在当前农产品相对过剩，特别是低质农产品过剩、优质农产品不足、农产品销售困难的情况下，实施差异性营销策略具有十分重要的意义。

一般农产品企业在选择目标市场营销策略时，主要考虑如下五个因素。

(1) 企业实力

企业实力主要是指农产品企业的人力、财力、物力、技术能力、创新能力、竞争力、销售能力、应变能力、公关能力等。如果农产品企业实力雄厚，就可以采用差异性营销策略；反之，宜采用集中性营销策略。

(2) 市场的类同性

市场的类同性主要是指消费者群体需求和偏好的类似程度。如果消费者群体的需求相似或偏好大致相同，对促销刺激的反应差别不大，就可以采用无差异性营销策略；否则，宜采用差异性营销策略或集中性营销策略。

(3) 农产品生命周期

一般来说，当农产品处于投入市场初期或增长期时，农产品企业宜采用无差异性营销策略，以了解市场需求和寻找潜在消费者。农产品进入成熟期以后，竞争者增多时，宜采用差异性营销策略或者集中性营销策略，以维持或延长产品生命周期，抢占新的市场份额。

(4) 农产品差异性

农产品差异性一般是指农产品自然属性的差异和选择性的大小。同质性主要表现在一些未经加工的初级农产品上，如大米、玉米等，虽然这些初级农产品有自然品质上的差异，但只要农产品企业在价格和服务上满足消费者，便可采用无差异性营销策略。而对于特色农产品等异质性需求产品，农产品企业应根据自身实力采用差异性营销策略或集中性营销策略。

(5) 竞争者的策略

在市场竞争激烈的情况下，农产品企业究竟应该采用哪种营销策略不能一概而论。例如，若竞争者实力较强，则农产品企业可采用无差异性营销策略，亦可采用差异性营销策略或集中性营销策略。假若竞争者已采取差异性营销策略，则农产品企业可通过更为有效的市场细分来争夺对其更为有利的细分子市场。或者，当竞争者实力较弱时，企业也可以采取无差异性营销策略，在整个市场或大面积市场中夺取优势。

总之，企业条件和市场条件是复杂的，竞争各方的情况也是多变的。因此，农产品企业要善于在分析对比条件和预计经济效益的基础上，选择适合自身的目标市场营销策略。

二、农产品市场定位

1. 市场定位的概念

市场定位是指企业为了实现特定的经营目标，根据消费者的需求及自身的情况，分析自己与竞争对手在目标市场中占据的地位，为自身及其产品在目标市场确定一定的市场位置，或者说企业打造某种特色产品，在目标消费者心目中树立某种形象，以适应消费者的需求和应对竞争对手。市场定位实际上是在已有基础上更深一层的市场细分和目标市场选择，即从产品的特征出发对目标市场进行更进一步的细分，进而在消费者需求确定的目标市场内再选择并确定企业产品的目标市场。

2. 市场定位的方法

市场定位的方法多种多样，不同企业在不同时期所采取的方法也不尽相同，但总体来说，常用的市场定位的方法有以下几种。

(1) 根据使用者的类型定位

根据使用者的类型定位是指在市场细分的基础上，根据消费者的不同需求，生产具有不同用途或性能的产品，使之定位于不同的消费者群体。

(2) 根据产品的特色定位

根据产品的特色定位是指企业利用其产品的特色，如功能、质量、价格等，通过各种营销手段使产品在消费者心中占据一席之地。

(3) 根据产品为消费者提供的利益定位

根据产品为消费者提供的利益定位是指企业根据消费者的要求，针对自身产品的不足进行改进，赋予产品一些新的特色，并使之在消费者心中形成定位。

(4) 根据竞争局势定位

根据竞争局势定位是指企业根据竞争对手的情况而采取不同类型的市场定位，主要有以下三种。

第一种是“针锋相对式”的定位，即把产品定位在与竞争者相似的位置上，同竞争者争夺同一细分市场。例如，有些农户在市场上看到别人经营什么，自己也经营什么。这种定位要求经营者具备资源、产品成本、质量等方面的优势。

第二种是“填空补缺式”的定位，即不去模仿别人的经营方法，而是寻找新的、尚未被别人占领的，但又为消费者所重视的经营项目。例如，有的农户发现大企业在肉鸡销售市场中占有优势，于是选择饲养农家鸡，并采用屠场销售的方式，填补大企业不能经营农家鸡的这一“空白”。

第三种是“另辟蹊径式”的定位，即在意识到自己无力与同行业中有实力的竞争者抗衡时，根据自己的条件选择有相对优势的市场来竞争。例如，种植蔬菜的农户既没有足够的批量和资金，又没有足够的运输能力，于是他们就在集市销售蔬菜，甚至走街串巷，将蔬菜卖给不能经常到市场购买的消费者。

使用市场定位的方法时应注意两点：第一，要研究消费者对某种产品属性的重视程度，了解消费者需要什么，找出该产品在消费者心目中的“理想”位置；第二，要了解竞争对手在市场上的情况，并根据了解到的情况确定产品的特色，实现最佳的市场定位。需要指出的是，企业产品的市场定位需要依靠多方面的营销策略，甚至营销组合策略来完成。

3. 市场定位的主要任务

(1) 寻求差异化

差异化是指通过一系列有意义的差异，使本企业的产品同竞争对手的产品区分开来。没有新意的东西很难让人记忆深刻，只有显著的差异才能使人难以忘记。

小提示

◆ 产品差异化。企业使自己的产品区别于其他产品。

◆ 服务差异化。竞争的日益激烈和技术的进步，使产品差异化变得越来越困难，于是竞争的关键点逐渐向增值服务转移。

◆ 渠道差异化。通过设计分销渠道和提高分销效率，企业可以取得渠道差异化优势。如戴尔公司、雅芳公司就是通过开发和管理高质量的直接营销渠道实现差异化的。

◆ 人员差异化。培养训练有素的员工，是一些企业，尤其是服务型企业取得竞争优势的关键。例如，上海航空公司率先招聘“空嫂”，打破了国内航空界的常规，空嫂们以其良好的服务赢得了赞誉。

◆ 形象差异化。形象是公众对企业及其产品的认识与看法。企业或品牌形象可以对目标消费者产生强大的吸引力和感染力，促使其形成独特的感受。

(2) 寻求独特的“卖点”

任何产品都可以进行各种程度的差异化。然而，并非所有产品的差异化都是有意义或有价值的。有效的差异化应该能够为产品创造一个独特的“卖点”，即给消费者一个鲜明的购买理由。有效的差异化遵循以下基本原则。

① 重要性。有效的差异化能使目标消费者感受到产品具有较高的让渡价值。

② 独特性。有效的差异化并不由竞争者提供，而是由企业以一种与众不同的方式提供。

③ 优越性。有效的差异化带给消费者的利益明显优于消费者通过其他途径而获得的利益。

④ 可传播性。有效的差异化能被消费者看到、理解并传播。

⑤ 排他性。竞争者难以模仿。

⑥ 可承担性。消费者有能力消费。

⑦ 营利性。企业能从中获得利润。

(3) 避免定位错误

一般来讲，企业在定位时必须避免以下几种主要的定位错误。

① 定位不足，是指企业差异化设计不佳，消费者难以形成对产品清晰的印象和独特的感受，认为它与其他产品相比没有什么独到之处，以致不容易记住它。

② 定位过分，是指企业将自己产品定位得过于狭窄，不能使消费者全面地认识自己的产品。例如，一家同时生产高、低价位产品的企业会使消费者误以为自己只能提供高档产品。定位过分不仅不利于消费者了解企业及其产品，还不利于企业实现营销目标。

③ 定位模糊，是指企业设计和宣传的差异化主题太多或定位变换太频繁，使消费者对产品的印象模糊不清。模糊的定位无法使产品在消费者心中占据鲜明、稳定的位置。

拓展训练

1. 什么叫农产品市场细分？
2. 农产品市场细分对企业市场营销有何意义？
3. 怎样进行农产品市场细分？
4. 农产品市场细分有哪些类型？
5. 农产品市场细分应该注意哪些问题？
6. 什么是农产品目标市场选择？影响农产品目标市场选择的因素有哪些？
7. 农产品目标市场选择有哪些环节？
8. 什么是农产品市场定位？农产品市场定位有什么作用？
9. 常用的农产品市场定位的方法有哪些？

模块三

农产品市场产品策划

农产品企业在开展市场营销时，会把产品、价格、渠道、促销等方面的营销因素有机地结合起来，并根据不同的市场营销环境制订全方位的市场营销策划。产品策划是市场营销策划中最重要的因素，任何企业的市场营销活动都必须以产品为基础，离开了产品，就无法满足消费者的需要。因此，产品策划是市场营销策划的基础。

学习目标

知识目标

1. 掌握农产品市场产品的含义，并熟悉其各个层次的内涵。
2. 掌握农产品市场产品组合策略和农产品市场生命周期各个阶段的营销策略。
3. 掌握农产品市场品牌的含义及品牌策略。
4. 掌握农产品市场包装的含义及包装策略。

能力目标

1. 能正确运用农产品市场产品组合策略进行农产品市场营销活动。
2. 能运用所学理论研究并延长农产品市场生命周期。
3. 能对新产品进行品牌和包装策划，成功打造农产品品牌。

素质目标

1. 具备自主学习意识和创新精神。

2. 具备分析问题、解决问题的能力。

单元一　农产品市场产品组合策略及生命周期

案例导入

马路村柚子

马路村曾经地理位置不佳，产业也比较少，但采用一村一品农业发展模式实现了年入 2 亿元产值，成了鼎鼎有名的富裕村。

1. 核心产品：柚子

曾经的马路村以伐木为生，当地政府立法保护生态后，没了经济来源的村民纷纷外出谋生，人口数量由原来的 3 600 多人锐减为不足 1 000 人。此时，村里唯一能种植的特产——柚子，成了发展的唯一希望。由于马路村山林茂密，水源无污染，所产柚子的营养成分要比市场上的其他柚子高很多，但是由于形状不好一直无法作为水果投入市场。

2. 产业思维

“产品不够，用工业来凑”这句话特别适用于马路村的柚子。对柚子进行二次加工，成了马路村在乡村品牌化过程中的一大重要决定。从 1975 年开始，马路村通过加工柚子果汁、果酱走上了快速发展的道路。如今，为不断提高柚子产业的附加值，增加柚子加工产品种类，马路村建立了一座完全以柚子加工废弃物为原料的化妆品工厂，通过与科研机构合作，已研发出柚子香皂、化妆水等护肤产品。

如今的马路村已经实现了柚子生产、加工、销售一条龙作业，并以柚子为核心，打造了一个产品生态圈。将单品做到极致，推出具有核心竞争力的产品，这就是马路村的“爆款”逻辑。

3. “卖”文化

产品是死的，但文化是活的，而且能够寄托情感。马路村在产品的生产上有着明确的品牌意识，广告、照片、海报甚至销售用的小册子，都有着统一的文体和宣传口号。因为成功地树立了乡村品牌形象，马路村及其产品没有昙花一现，而是持久地延续了下来。

思考：谈谈你对上述案例的理解。

知识储备

一、农产品市场产品的整体概念

在农产品市场营销中，产品的整体概念具有深刻而丰富的内涵和极其宽广的外延，它是指提供给市场的能够满足人们需要的实体或服务，包括核心产品、有形产品和附加产品。

1. 核心产品

核心产品也称为实质产品，是指向顾客提供的产品的基本效用或利益，是构成产品最本质的核心部分，也是顾客真正要购买的东西。顾客购买某种产品不是为获得构成该产品的各种原材料，而是为了满足某种特定的需求。核心产品向顾客说明了产品的实质，因此，企业营销人员销售的任何产品都必须具有反映顾客新需求的基本效用。

2. 有形产品

有形产品是指核心产品借以实现的形式或目标市场对某种需求的特定满足形式。有形产品一般有五个标志：包装、品质、式样、特征和品牌。产品的基本效用只有通过特定形式才能实现。同类产品的基本效用都是一样的，企业要获得竞争优势，满足顾客的需求，吸引顾客购买自己的产品，就必须在有形产品上下功夫。

3. 附加产品

附加产品也叫扩展产品，是顾客购买产品时所能得到的附加服务和附加利益的总和，包括产品的运送、安装、质保和维修等服务。在竞争日益激烈的市场环境中，附加产品已成为企业竞争的重要营销手段。

产品整体概念的三个层次十分清晰地体现了以顾客为中心的现代营销理念。这一概念的内涵和外延都是以顾客的需求为标准，由顾客的需求来决定的。产品的整体概念是建立在“需求即产品”这样一个等式的基础上的。因此，企业只有从产品的整体概念出发研究产品策略，才能在市场竞争中取得优势。

思考

核心产品和形式产品构成了产品的有形部分，附加产品是产品的无形部分，是顾客购买产品时所能得到的附加服务和附加利益的总和。这种说法准确吗？

二、农产品市场产品组合策略

1. 农产品市场产品组合要素

产品组合也称产品配合，是指一个企业生产或经营的全部产品线和产品项目的组合方式。产品线又称为产品系列，是具有相同使用功能、不同规格和型号的一组类似的产品项目。产品组合包括四个要素：产品项目、产品线宽度、产品线深度和产品线关联度。

(1) 产品项目

产品项目指产品中具有不同型号、不同规格的具体产品。产品项目是产品等级系列中的最小构成单位。

(2) 产品线宽度

产品线宽度是指企业经营的产品线的多少，产品线越多，说明宽度越宽，反之则越窄。例如，大连显像管股份有限公司仅生产显像管，其产品线宽度就很窄。相反，宝洁公司除了生产洗发产品外，还生产护肤用品、婴儿用品、妇女卫生用品等众多产品，且每种产品的品种和规格也很多，其产品线宽度就很宽。

(3) 产品线深度

产品线深度是指一个企业经营的产品大类中每种产品的花色、品种或规格的多少，即一个产品线中所含产品项目的多少。

(4) 产品线关联度

产品线关联度是指各产品在最终用途、生产技术、分销渠道等方面相关的程度。

企业可以通过改变上述要素来扩充业务，制定更好的产品组合策略。拓宽产品线宽度有利于企业扩大经营领域，分散投资风险；增加产品线深度可以使产品线更加丰富、全面；加强产品线关联度可以使企业在整个市场中发挥竞争优势，赢得良好的声誉。

2. 企业的产品组合策略

当企业对产品组合进行优化时，可根据具体情况，选择以下调整策略。

(1) 扩大产品组合策略

扩大产品组合策略着眼于向任何顾客提供所需要的一切产品。它包括拓宽产品组合的产品线宽度和加深产品组合的产品线深度。新增加的产品线或产品项目可以不受产品之间关联度的约束。这种策略不仅可以使企业充分利用生产设备、技术、人力、物力、品牌和销售渠道等，还可以使企业通过开辟新的产品线和增加新的产品项目，规避风险，提高市场占有率，增强市场竞争力。但在采取这种策略时应注意区分产品线上增加的产品，以防新旧产品过度竞争，尤其要注意增加产品是为了满足市场需求，而不仅仅是为了满足企业定位的需要。

(2) 缩减产品组合策略

缩减产品组合策略指在市场不景气的时候，特别是在原材料供应紧张时，企业为了获得最大利益，从产品组合中剔除那些获利小的产品线或产品项目。这种策略不仅有利于企业集中精力提高专业技术水平，实现生产经营专业化，还有利于企业节约原材料、降低成本、减少资源占用、加快资金周转。

(3) 产品线延伸策略

产品线延伸策略是指为了开拓新的市场、吸引顾客，或为了适应顾客需求的变化，配齐该产品线所有的规格、品种，使之成为完全产品线。企业把产品线延长可部分或全部改变其原有产品的市场定位。产品线延伸有三种形式：向下延伸、向上延伸和双向延伸。

① 向下延伸

产品线向下延伸是指企业将原来定位于高档市场的产品线向下延伸，增加低档产品项目。企业采用这种延伸策略的原因主要有三个：一是利用高档产品的声誉，吸引购买力水平较低的顾客慕名购买此产品线中的低档产品；二是高档产品销售缓慢，且市场范围有限，资源设备得不到充分利用，企业无法赢得更多的顾客和取得满意的利润；三是填补企业产品线的空白，进一步扩展市场。

企业采用产品线向下延伸策略时一定要谨慎，因为它虽然能够帮助企业占领更多的市场份额，在短期内获得较高的利润，但会影响原来高档产品的形象。因此，采用产品线向下延伸策略时，企业应辅之以相应的营销手段，如重新设立分销网、加强宣传工作等。

② 向上延伸

产品线向上延伸是指原来定位于低档产品市场的企业，通过在原有的产品线内增加高档产品项目，进入高档产品市场。企业采用这种延伸策略的原因主要有两个：一是高档产品市场具有较高的潜在成长率和利润率；二是企业有实力发展各档产品俱全的完全生产线，并重新对产品线定位。

虽然产品线向上延伸策略可以提升企业形象和产品形象，但是企业要承担一定的风险，因为改变产品在顾客心目中的地位是相当困难的，加上高档产品竞争者的顽强抵抗，以及顾客对其高档产品质量的质疑等，若处理不当，不仅难以收回研发新产品项目的成本，还会影响老产品的市场声誉。

③ 双向延伸

产品线双向延伸是指原定位于中档产品市场的企业占据了市场优势以后，决定向产品线的上下两个方向延伸，即一方面增加高档产品，另一方面增加低档产品。成功的双向延伸往往可使企业成为市场上的核心力量。

三、农产品市场生命周期

近年来，“丰产不丰收”“价贱仍难卖”等事件频频发生，这使得农产品市场生命周期及营销问题越来越突出。随着农产品相对过剩时代的到来，农产品生命周期和营销困境必将严重制约我国农业的发展，因此，研究农产品市场生命周期及营销策略显得极为迫切。抓好农产品市场生命周期，加强农产品市场营销，对于推动农产品市场发展、切实增加农民收入具有重要意义。

1. 农产品市场生命周期的概念

农产品市场生命周期是指一种农产品从开始投入市场到退出市场的周期性变化的过程，即农产品从进入市场到退出市场所经历的生命循环过程。

2. 农产品市场生命周期各个阶段的特点及营销策略

(1) 农产品市场导入期的特点及营销策略

导入期是农产品进入市场的最初阶段，其主要特点是：生产批量小；制造成本高；营销费用高；销售数量少；产品的价格偏高。

企业应根据导入期农产品的特点，积极观察市场对新投入农产品的反应，疏通销售渠道，千方百计地打开销路。例如：利用现有产品支持投入的新产品；利用特殊手段使顾客试用投入的新产品；利用特殊手段使中间商经销投入的新产品；利用其他促销手段；采取高品质、高价格策略。

小提示

随着经济的发展，人们过上了更加健康、更加有品质的生活。作为人们日常生活的直接参与者，有机农产品成了市场宠儿，田间红红绿绿的蔬菜瓜果被直接送上了人们的餐桌。

(2) 农产品市场成长期的特点及营销策略

成长期是农产品市场生命周期的第二个阶段，其主要特点是：农产品销售势头强劲，经营成果令人瞩目。由于农产品已被广大顾客购买，所以销售势头良好，销售额大幅度增加。虽然成长期单个农产品的进销差价不及导入期的单个农产品，但是由于销售额的大幅度增加，且单个农产品的经营利润仍保持在一定的额度上，因而成长期农产品的绝对利润远远超过导入期农产品的绝对利润。企业在经营处于这一时期的农产品时，一般都可以获得丰硕的利润。

农产品经过导入期的不断改进和完善，其质量开始逐渐提高。进入成长期后，农产品已基本定型。由于农产品已被大多数顾客所接受，因此市场需求量明显提高。为充分满足广大顾客的需要，各家企业开始批量生产，其中部分企业已经具备规模化生产的能力，并取得了良好的效益。

随着市场竞争的日益激烈，产销的垄断性基本消除。在成长期，农产品的生产和经营不再是独家占有，多家企业竞争的格局开始形成。在丰厚利润的吸引下，“多头竞争”的局面愈演愈烈，导入期的产销方面的垄断被竞争所代替。

处于成长期时，企业应稳定产品质量，扩大生产规模，组织好销售工作，具体策略如下。

① 改良农产品。如根据顾客的需求与建议，改进农产品性能；提高农产品质量；增加农产品品种。

② 扩大销售农产品市场。如扩大推销范围；采取多种包装推广农产品；增加经销店和销售渠道；在适当时间降低价格，以吸引对价格敏感的潜在顾客。

③ 加强商标地位。如注册商标，取得商标专用权；将广告宣传重点由介绍农产品转向树立农产品形象；创立名牌农产品。

小提示

讲好故事，做好营销

如今，互联网与生活密不可分，人与人、人与产品、产品与产品之间的距离都被极大地拉近。从产品本身来说，好的产品可以让营销事半功倍。让农产品产生附加值，让农产品拟人化，讲品牌故事等都可以提高农产品对外的形象认知度与传播速度，像西红柿是我们的健康好伙伴，土豆是艺术创作家的生活好友等。

在互联网时代下，产品与消费者之间不再是简单的功能、作用上的连接，消费者开始在意附着在产品功能上的深入体验以及灵魂性的东西，有共同价值观的消费者们将抱团产生群蜂效应，形成一个自循环的范围经济。品质上乘的农产品可以成为各个消费者的纽带，若能把握社群平台，则这个圈层引起的范围经济将被你所拥有。

(3) 农产品市场成熟期的特点及营销策略

成熟期是农产品市场生命周期的一个“鼎盛”时期，在它的前半段，销售额逐渐上升到顶峰，在稳定一个相对短暂的时期后，开始缓慢回落，这时便进入了一个转折时期，即成熟期的后半段。由于成熟期既是农产品市场生命周期中的“极盛”和“巅峰”时期，又是一个由“盛”到“衰 ”的转折时期，因此，成熟期农产品的特点集中体现在以下几个方面。

① 农产品结构基本定型，农产品生产技术日趋成熟。厂家研制、生产出新的农产品后，将其投入市场，在导入期、成长期对农产品进行试销和成批销售，从反馈中得到有关农产品的信息，并对农产品结构进行多次调整，进而使农产品结构基本定型。同时，在较长时间的试制和批量生产过程中，厂家积累了许多宝贵的经验，其农产品生产技术日趋成熟。正因为如此，成熟期农产品在性能及质量方面再度改进的余地已经不大。

② 农产品销售额在逐渐达到顶峰后开始缓慢回落。成熟期农产品对广大消费者来说已属半新半旧的农产品，相当一部分人已经购买和使用过这类农产品。他们在使用这类农产品时，已对农产品的质量有所了解，并大胆地进行重复购买，从而大幅度提高了购买量，使销售额在成熟期的前半段达到顶峰。但是在成熟期的后半段，市场上已经开始出现同类的新的农产品，从而使成熟期相同类型的半新半旧农产品的购买量下降，因此，成熟期是一个由“盛”转“衰”的转折时期。

③ 农产品价格差距不大，市场竞争处于“白热化”状态。成熟期农产品的生产厂家众多，其技术水平和生产成本趋于平衡，因此，农产品价格差距不大，从而导致市场竞争处于“白热化”状态。

④ 企业经营状况不尽如人意，利润开始下降。激烈的市场竞争使企业的宣传费用增加，加上库存农产品的积压，资金周转速度缓慢，利润开始下降，银行欠款利息开始增加，经营前景不容乐观。

成熟期的长短直接影响农产品研发经济效益的大小，企业要千方百计地延长成熟期的时间，可采取的策略如下。

① 农产品改革，亦称农产品再推出。此策略是指对产品进行性能、形态等方面的改良，通过改变产品来满足消费者的需要。

② 市场改革。此策略不是要改变农产品本身，而是要寻找尚未采用本产品的新市场或市场中的新部分。

③ 市场组合改革。此策略是指改变某些市场组合的因素，以增加农产品的销售量。

小提示

贴在地面步行，不在云端起舞

在互联网时代下，传统农产品市场遭受互联网的冲击，出现了“农产品为王”的趋势，因此，农产品需要贴在地面步行，回归本质。互联网既拉近了农产品与消费者的距离，又成了农产品的一把利刃，如果农产品的品质不过关，就会迅速被市场淘汰。褚橙就是“农产品为王”的一个典型案例。褚老通过长时间的精耕细作，再通过品牌人格化和故事营销，为一粒高品质橙子赋予励志故事，橙子的附加价值在很大程度上得到了提升，单品的价格就是最直接的体现。2012 年，褚橙初次在本来生活网销售的时候，网站日订单最高达到 1 000 单。2013 年，网站日订单已经上升到 5 000～6 000 单。

(4) 农产品市场衰退期的特点及营销策略

农产品进入衰退期会呈现以下特点。

① 农产品陈旧,而且日趋“老化”。当某种农产品进入衰退期时,一些较早研发出来的新产品已经跨过短暂的导入期而进入了成长期,这些新产品不仅吸引了广大消费者的注意力,而且已经占据了同类产品市场的大部分份额。就此而言,处于衰退期的农产品早已没有了旺盛的生命力。

② 农产品的销售量急剧下降。由于大部分消费者已经对衰退期的农产品不感兴趣,所以这一时期的购买者会急剧减少,从而导致农产品销售量急剧下降。

③ 企业利润明显下降,部分企业甚至出现亏损。因为农产品销路受阻,企业库存农产品严重积压,资金周转速度明显下降,所以企业成本大幅度上升,利润明显下降,部分企业甚至开始出现亏损。

④ 大幅度降价处理库存农产品。为了尽量减少损失,企业开始大幅度降价处理库存农产品,从而造成亏损。

面对处于衰退期的农产品,企业可采取如下策略。

① 继续经营策略。企业继续使用过去的营销策略,在目标市场、价格、分销渠道、促销活动等方面保持原状,到该产品完全退出市场为止。

② 集中策略。企业把资源集中在最有力的子市场和渠道上,放弃那些没有赢利机会的市场,缩短经营路线,从中获取利润。

③ 放弃策略。当现有农产品并无潜在市场或新一代产品已经上市并且具有良好市场前景时,企业应该当机立断放弃老产品,把生产设备、经营渠道、广告宣传等转移到新产品上,为新产品进入市场成长期创造条件。

拓展训练

一、选择题

1. 农产品的整体概念体现了以(　　)为中心的现代营销理念。

A. 生产　　B. 利润　　C. 产品　　D. 顾客

2. 当企业的资源比较充分且有较好的市场机会时,可以(　　)产品线宽度。

A. 保持原有的　　B. 减少　　C. 增加　　D. 不确定

3. 农产品的生产批量小、制造成本高是农产品市场生命周期的(　　)的特征之一。

A. 成长期　　B. 导入期　　C. 成熟期　　D. 衰退期

4. 农产品市场生命周期的(　　)市场竞争最激烈。

A. 成长期　　B. 导入期　　C. 成熟期　　D. 衰退期

二、判断题

1. 产品是指人们向市场提供的能满足顾客需求的有形的物品。(　　)

2. 一个企业最佳的产品组合应是市场的需要与企业人力、物力、财力等相统一。(　　)

3. 拥有的产品线越多，产品组合就越少，反之就越多。（　　）

4. 对企业来说，产品线宽度越宽、产品线深度越深越好。（　　）

三、简答题

1. 农产品的整体概念是什么？包括几个层次？

2. 农产品市场产品组合要素包括哪些？

3. 农产品市场生命周期包括哪几个阶段？

单元二　农产品市场品牌策略

案例导入

案例一：三只松鼠

三只松鼠是一个以坚果为主的农产品品牌，其品牌设计以简洁、可爱为特点，采用浅黄色作为品牌的主要色调。品牌名称中的“三只松鼠”由三只带有翅膀的松鼠组成，象征着品牌的活力和创新精神。在产品包装上，三只松鼠采用了透明的塑料袋，以便消费者能够清晰地看到产品的质量和新鲜度。此外，三只松鼠还注重包装的可持续性，使用环保材料和简洁的设计，以减少对环境的影响。

案例二：西域美食

西域美食是一个专门销售新疆特色农产品的品牌，其品牌设计以浓郁的地域特色为主，采用红色和黄色作为品牌的主要色调。品牌名称中的“西域”二字是戴着帽子和留着胡须的骆驼形象，象征着品牌的文化。在产品包装上，西域美食采用了纸盒包装，以保护产品的完整性和新鲜度。此外，西域美食还在包装上印上了产品的产地，以增加消费者对产品的信任度。

思考：谈谈你对上述案例的理解。

知识储备

品牌建设是衡量企业经营水平的重要标准，也是衡量整个产业发展水平的重要指标。对于农产品经营者而言，品牌建设尤为重要。目前，大宗农产品实行的是无品牌决策，即便有品牌也只是产地品牌（如“安徽大米”“东北大米”等），农产品经营者的品牌意识不强。我国很多农产品都实行无品牌经营，只有产地名称。

一、品牌的概念

品牌是一个集合，包含品牌名称、品牌标志、商标等概念在内。它们代表一个或一组生产者或销售者的产品或服务，且这些产品或服务与其他竞争者的产品或服务不同。一个品牌代表一个产品的制造者或销售者。消费者把品牌看作产品的重要组成部分。品牌名称指品牌中可以用语言称呼的部分。品牌标志指品牌中可以被识别但不能用语言称呼的部分。商标是一个法律名词，指已获得专用权并受法律保护的一个品牌或品牌的一部分，也可以说是品牌标志。商标往往在商品的包装或标签上，容易被消费者记住。按商标是否在政府有关部门注册登记，可将其分为注册商标和非注册商标。注册商标受国家法律保护，产品商标一经注册，其他企业就不得在同类产品上再使用此商标。

小提示

商标与品牌的联系与区别

商标与品牌既有联系又有区别。两者的联系主要表现为：它们都是无形资产，都具有一定的专有性，其目的都是区别于竞争者，便于消费者识别。因此，商标与品牌经常混淆使用。有些人误以为两者无本质区别，其实不然。两者的区别主要表现在：品牌主要表明产品的生产和销售单位，而商标则是区别不同产品的标记。品牌比商标有更广的内涵，代表一定的企业文化，而商标则只是一个标记。

一个企业的品牌和商标可以是相同的，也可以是不同的。所有的商标都是品牌，但并非所有的品牌都是商标。品牌无须注册，一经注册，就成了商标。商标是法律概念，需要注册使其成为受法律保护的一个品牌或品牌的一部分，其产权可以转让和买卖。因此，品牌与商标的根本区别在于是否经过一定的法律程序。

对于农产品经营者而言，品牌建设尤为重要。品牌具有以下基本功能。

第一，品牌可以增加产品的价值，是高价定价的基础。品牌，特别是名牌的出现，使消费者对产品形成了忠诚度、信任度、追随度。因此，品牌不仅可以使企业在与对手竞争中拥有后盾，还可以使企业通过一定的形式，如特许经营、合同管理等实现价格垄断。

第二，品牌是取得产品竞争优势的基础，驰名品牌具有巨大的竞争力。树品牌、创名牌是企业在市场竞争条件下逐渐形成的共识，他们希望通过品牌扩展市场，而人们希望通过品牌对产品、企业加以区分。品牌的创立、名牌的形成正好能帮助企业实现上述目的，使品牌成为企业有力的竞争武器。

第三，品牌能够表明产品的特征，是吸引新消费者、巩固老消费者的有力途径。消费者在购买某种产品时会比较众多产品，通过使用品牌产品形成消费体验，进而将这种体验储存在大脑中，形成一种消费情感，从而为将来的消费决策提供一定的依据。消费者通过使用商品对其产生好感，企业可通过不断宣传，促使消费者对品牌形成忠诚度，从而使其重复购买。

二、农产品品牌标志设计

品牌标志设计是商标设计的一种，商标设计属于实用工艺美术的范畴，其要求是从商标适用商品的性质、作用等出发，满足在某些方面所应达到的具体要求。商标既要起到标志商品、扩大宣传范围的效果，又要适用于不同产品的质量特性。商标设计应遵循以下原则。

（1）商标应符合法律的规定

商标设计既要遵守国内外有关法律、法规，如《中华人民共和国商标法》，又要遵守有关的国际公约和条约。

（2）商标要具有显著特性

商标设计既要注意反映产品特征，又要符合企业的形象。反映产品特征主要是指商品含义、商标标记要与产品相符。符合企业的形象主要是指商标能够反映企业文化、企业精神及企业目标。企业设计的商标不能与他人的商标相似或雷同。

（3）商标要有形象性、艺术性

商标不仅要起到宣传产品的作用，而且要美观大方，符合公众的审美和思维习惯，达到形象性与艺术性的高度统一。在表现形式上，要讲究技巧，注重形象提炼和图形构思；在色彩上，要表现出艺术美。

（4）商标要符合风俗习惯

商标设计应尊重所在国家或地区的风俗习惯，避免引起不良反应。企业不能使用有歧义的商标。

在当今时代，品牌标志已成为市场竞争的首要因素，它不仅有利于企业树立形象，让消费者识别产品，还有利于企业保护自身利益。

农产品品牌标志设计不同于绘画创作，应以高度提炼、概括的形象表明事物的特征，并以图形、符号的形式向人们传情达意，使人们可以在瞬间对产品进行识别与判断。农产品品牌标志要鲜明，令人一眼即可识别，并过目不忘。

三、品牌策略

随着农业产业化经营的开展，很多农业企业开始意识到品牌的重要性，并开始有意识地应用品牌策略，以促进农业产业化经营的发展。事实上，农业产业化的过程就是一个依靠品牌优势，逐步建立农业产业规模优势，最终使农业产业得到进步和完善的过程。没有农产品品牌的创立和扩张，没有驰名农产品品牌的优势，农业产业化经营就不能健康发展，农产品买卖难的问题以及农业增产与农民不增收的矛盾也就不能彻底解决。农业企业要通过创立好的品牌、培育好的品牌、扩张品牌和保护已有品牌来发挥本企业产品品牌优势、塑造驰名品牌、积累品牌资产，达到提升企业实力、扩大市场份额的目的。品牌资产的构成要素包括消费者对品牌的认知度、品牌忠诚度与品牌联想及其他资产。

1. 品牌保护策略

品牌保护策略是指为了防止他人盗用本企业品牌商标以及避免企业的声誉受损所采取的措施，具体如下。

（1）及时注册商标

商标经注册后会得到法律保护，因此，及时注册商标可有效地防止竞争者抢注、使用、销售本企业的商标。出口农产品时，企业应在目标国家及时注册商标。另外，注册商标有效期满后，企业应及时申请续展注册。

（2）关联注册

关联注册指在非同类农产品中注册同一商标。农业企业在以生产并经营某类产品或其中某个品种为主，附带经营其他类别的产品或品种的情况下，可采取这一措施。

（3）使用防伪标志

采用具有不同形式的防伪标识，对保护商标专用权可起到积极作用。

2. 品牌使用策略

（1）多品牌策略

多品牌策略是指农业企业针对不同的产品线或市场细分，采用不同的品牌进行差异化定位，以满足不同消费者群体的需求和偏好。这种策略的优点是可以避免农产品间的不良影响；缺点是成本费用高，商标设计、注册及续展等费用都会增加。

（2）单一品牌策略

单一品牌策略是指一个品牌只用于一类或一种农产品。这种策略的优点是既可以节省品牌宣传费用，又可以使顾客快速了解企业、了解产品；缺点是会导致产品与产品之间一荣俱荣、一损俱损。在这种情况下，企业要尤其注重产品质量。

（3）无品牌策略

为了降低价格、增加销售量、节约成本，有些农产品不使用品牌，某些出口农产品也采用无品牌中性包装的形式，这样的目的是适应国外的市场环境。

（4）生产者品牌策略

生产者品牌策略是指各环节的经营者均使用由生产者确定的品牌。使用这一策略的优点是产品和企业联系紧密，消费者可以在了解品牌的同时了解企业；缺点是品牌和企业彼此牵连、互相影响。

（5）借用他人的品牌策略

借用他人的品牌策略是指当品牌主要用于出口农产品时，在不影响国家和民族利益的基础上，企业按进口方的要求在自己的产品上使用进口方指定的品牌名称、商标。企业一般以支付费用的形式取得他人的品牌使用权。这种策略有利于企业在国际市场中与其他企业竞争。

（6）使用中间商的品牌策略

中间商的品牌也可称为销售者品牌。利用中间商社会声誉好、规模大、销售量大的优势，使用中间商的标志、商号、店名作为品牌商标，不仅能够节省推销费用，取得价格竞争的主动权，还能加快产品进入和占领市场的速度。但这样做的缺点是，中间商往往会提出在一个细分市场上独家销售的要求。

(7) 双重品牌策略

双重品牌策略是指产品同时使用生产者品牌和销售者品牌。在生产企业和流通企业强强联合的情况下,这种策略有利于双方企业提高市场占有率,击败竞争对手。

拓展训练

一、选择题

1. 品牌最持久的含义是(　　)、文化和个性。

A. 价值　B. 名称　C. 利益　D. 属性

2. 品牌是市场概念,而商标是(　　)。

A. 设计　B. 法律　C. 组合　D. 传播

3. 品牌中用语言称呼表达的部分称为(　　)。

A. 品牌名称　B. 品牌标志

C. 品牌实体　D. 品牌标签

二、判断题

1. 品牌是法律概念。(　　)

2. 联想计算机中的“联想”二字是品牌标志。(　　)

三、简答题

1. 品牌与商标的区别是什么?

2. 品牌的设计原则是什么?

3. 品牌策略有哪些?

单元三　农产品市场包装策略

案例导入

重视包装的例子——褚橙

褚橙的包装设计非常独特,突出了褚橙的品牌标志和创始人褚时健的传奇故事。褚橙的包装设计采用插画表现形式,将产品的图形形象地表达出来,这种插画风格的包装给人耳目一新的感觉。

褚橙的封口设计也很有特色,采用旋转褶皱的独特结构,为有机产品的保鲜增添了多种形式。这种设计不仅外观新颖,而且方便消费者打开,十分实用。

此外，褚橙包装上的腰封也别具一格。与传统的腰封不同，褚橙包装上的腰封利用天地盖人工成型，轻轻向外抽拉，橙子就会自动升起。这种设计不仅方便消费者取出，还具有一定的防伪功能。

总体来说，褚橙的包装设计在外观、实用性和品牌传播方面都非常出色，很好地结合了品牌故事和产品特点，提升了品牌形象和市场竞争力。

思考：谈谈你对上述案例的理解。

知识储备

一、包装的概念

包装(Package)是产品实体的重要组成部分，通常是指容器或包装物等的总体名称。在传统经济条件下，人们对包装的认识仅限于保护、运输和储存产品，认为产品包装就是指产品包扎或存放于包装物或容器内。在现代经济条件下，人们对包装有了系统的认识，认为产品包装不仅是产品的容器、包扎物或外观装饰，更是整个产品的重要组成部分。产品包装对市场营销有着重要的影响，它既可以充当产品广告的媒体，又可以提升产品的档次和形象，增加产品的附加值。不同档次和规格的产品包装是产品差异化的重要体现。

产品包装一般分为以下三个层次。

(1) 内包装

内包装是指产品的直接容器或包装物，如饮料瓶子、香烟纸盒等。

(2) 中层包装

中层包装是指保护内包装的包装物，因此又称为间接包装，如酒瓶外的包装纸盒、每条香烟的包装盒等。

(3) 储存运输包装

储存运输包装是指位于中层包装外的包装，如整箱汽水的包装纸盒、装运香烟的纸箱等，其作用是便于储存、运输以及识别产品。

小提示

包装的重要性

苏州生产的檀香扇历史悠久，闻名海内外。但其因包装简单，在香港的售价不超过65元。当檀香扇的生产者意识到包装的重要性后，采用成本为5元的锦盒进行包装，这使得檀香扇的售价高达165元，销售量也有大幅度增加。

贵州茅台酒号称“国酒”，可以说是白酒中的国王，其在改进包装前，在国际市场上的售价仅为20美元，但改进包装后，售价快速飙升到125美元。

二、包装分类及要求

1. 包装分类

包装是提升农产品竞争力的重要手段之一，因此产品包装应符合科学、经济、牢固、美观、适用的基本原则。包装常用的分类方法如下。

第一，按包装在流通中的作用，可将其分为销售包装、运输包装、防护性技术包装。销售包装与产品装配成一体，随同产品一起出售，通常称为内包装。运输包装是产品最外层的包装，起到保护产品的作用，不一定同产品一起出售。防护性技术包装是起到隔离和防护作用的包装。

第二，按包装的耐压程度，可将其分为硬质包装和软质包装。

第三，按包装的材料，可将其分为纸质包装、木制品包装、塑料制品包装、玻璃制品包装、陶瓷制品包装、复合材料包装、天然材料包装等。

2. 包装要求

农产品的品种、特性、形状不同，对包装的材料、成本等的要求也不尽相同，这里只阐述农产品包装的一般要求。

第一，根据不同产品的特点合理选择包装材料。对于不同的产品，其自然属性和形态也不同，农产品企业应针对这些不同点，选用不同的包装材料。

第二，选择适合的包装结构、大小，以便产品的储存、运输和销售，特别是某些形状不规则的产品。同时，农产品企业应根据安全需要，合理设计包装的尺寸和形状，形成立体结构。

第三，反映企业产品的特点。要注意消费者追求新颖、美观、方便、实用的心理，使包装与产品价值相一致。另外，农产品企业不要过分包装产品，以免增加消费者的负担，从而影响产品的销售。

第四，尊重不同的风俗习惯。不同国家和地区的消费者对文字、图案、颜色等有不同的要求，在设计包装时要注意这方面的问题。

第五，提倡绿色包装，保护生态环境。在当今世界，增强环保意识、提倡绿色包装的呼声日益高涨，而包装物与环境保护直接相关，为此，农产品企业一方面应使用环保材料，另一方面应探讨可回收包装物的使用问题。

小提示

包装设计原则

1. 适用原则。包装的主要作用是保护产品。首先要根据产品的不同性质和特点，合理地选用包装材料和包装技术，确保产品不损坏、不变质、不变形等；其次要合理地设计包装，以便产品的储存、运输等；最后包装应与产品的价值或质量相符，显示产品的特点或独特风格，同时方便消费者购买、携带和使用。

2. 美观原则。销售包装具有美化产品的作用，因此，在包装设计上要力求外形新颖、大方、美观，使产品具有较强的艺术性。但值得注意的是，包装上的文字、图案、色彩等不能和目标消费者的风俗习惯、宗教信仰背离。

3. 经济原则。在符合营销策略的前提下，应尽量降低包装成本。

三、农产品包装策略

农产品包装是整个产品的重要组成部分，绝大多数产品都要在包装后才算完成生产过程。在现代市场营销中，产品包装的功能越来越多，早已不再局限于过去那种保护产品、方便携带的功能。心理学研究表明：在人类接收的信息中，由视觉器官获得的占83%，听觉占11%，嗅觉占3.5%，触觉占1.5%，味觉占1%。因此，通过包装设计激发消费者的购买欲望，提高农产品的市场竞争力，是农产品经营者必须具备的营销手段之一。

包装设计的一项重要任务就是更好地满足消费者的生理与心理需要，更加人性化的包装可以让人们的生活更加舒适、更加多彩。因此，在农产品包装上，选择不同的包装策略将得到不同的包装效果。

1. 常见的农产品包装策略

成功的农产品包装策略对顺利完成流通过程、实现经营目标与营销策略有重要的作用，常用的农产品包装策略如下。

(1) 类似包装

类似包装是指某一企业经营的农产品都使用相同或相似的包装，各种农产品的包装物都采用相同的外形图案、近似的色彩等。这种策略可使消费者识别产品出处，扩大企业声势，增加销售量，节省包装设计的费用。将这种策略与企业的品牌策略相结合会得到良好的效果。

(2) 分量式包装

分量式包装是指对于一些称重的农产品，根据消费者在不同时间、地点的购买量和使用量，采用重量、大小不同的包装。另外，一些价格较高的产品也会采用分量式包装，这样既可以为偏好分批量购买的消费者提供更多的购买机会，又可以照顾购买力不同的消费者。

(3) 等级式包装

等级式包装是指为了区分农产品的不同质量，按其质量等级而采用相应的包装。这是一种常用的包装形式，其目的在于把产品分成不同的档次，以满足不同需求层次消费者的需要。

(4) 透明式包装

透明式包装是指在包装上留有“窗口”或使用透明材料包装。据抽样调查结果显示，大部分消费者在购买箱装水果时都要开箱查看。采用透明式包装既可增加美感，提高消费者购买欲望，又可增加农产品可信度，可谓两全其美。

(5) 密封式包装

密封式包装是指将农产品密封包裹起来，其作用是防潮、防晒、防尘等，适用于易损坏、易变质的农产品，目的在于确保农产品质量。

(6) 名贵式包装

名贵式包装专门用于名贵的产品，其设计精良，具有一定的艺术价值，常见于名贵的果酒等，其目的在于给消费者一种高贵、典雅的感觉。

(7) 礼品式包装

礼品式包装的特点是装饰华丽、富有欢乐感,包装物上常冠以福、禄、寿、喜、如意等字样或问候语,其目的在于增添节日气氛,满足人们社交礼仪的需要。

(8) 特殊式包装

特殊式包装是一种具有独特风格的包装,其目的在于使消费者对产品产生新奇感并形成较为深刻的印象,以便消费者将本企业产品与其他同类产品区分开来。同时,这种包装还可以起到一定的预防假冒伪劣产品的作用。

2. 其他农产品包装策略

(1) 突出农产品形象的包装策略

突出农产品形象是指在包装上通过多种表现方式突出该农产品是什么、有什么功能、内部成分是什么、结构如何等。这一策略着重展示农产品的直观形象。随着购买过程中自主选择空间的不断扩大和新产品的不断涌现,企业很难将所有产品的全部信息都详细地介绍给消费者。这种包装策略通过包装再现产品的品质、功能、色彩、美感等,有助于企业向消费者充分地传达商品信息,给消费者留下直观的印象,从而缩短消费者选择的过程。

(2) 突出农产品使用方法的包装策略

突出农产品使用方法是指通过包装的文字、图形及其组合告诉消费者该农产品是什么样的产品、有什么特别之处、在哪种场合使用、如何使用以及使用后的效果是什么。这种包装让人一看就懂、一学就会,具有知识性和趣味性,比较受消费者欢迎。

(3) 展示企业形象的包装策略

企业形象对产品营销具有四两拨千斤的作用,很多企业从产品经营之初就注重企业形象的展示。使用这种包装策略的企业的文化积淀比较深厚。有的企业通过深入地挖掘自身的企业文化,并且将其与研发的农产品有机地融合起来,达到既展示自身企业文化、介绍自身产品,给消费者留下深刻印象,又促进产品交易的目的。

(4) 突出农产品特殊要素的包装策略

任何一种农产品都有一定的特殊背景,如历史背景、地理背景等。在包装设计中恰如其分地运用这些特殊背景,不仅能有效地区分同类产品,还能使消费者将产品与背景联系起来,迅速在心中建立产品概念。这种包装策略运作得好,能促使消费者产生联想,增强消费者的购买欲望。

对于包装较小的产品,应当注意突出商标的位置,增加商标在包装主要展示面上的比例。例如,在一个有效展示面积在 400 平方厘米以下的产品上,商标所占的面积不应低于 10%,并且要占据主要位置。

拓展训练

一、多选题

1. 商品包装的构成要素有(　　)。

A. 形状　　B. 颜色　　C. 材料　　D. 图案

E. 商标或品牌

2. 包装的营销作用主要表现在（　　）。

A. 增加美感　　B. 保护商品　　C. 便于储存和运输　D. 促进销售

E. 增加盈利

3. 等级式包装是指企业针对自己的不同质量等级的产品分别设计和使用不同的包装，它的优点在于(　　)。

A. 增加销售量　　B. 便于消费者识别产品

C. 提升企业影响力　　D. 促使消费者购买产品

E. 满足不同需求层次消费者的购买心理

二、简答题

1. 简述包装的定义。

2. 包装常用的分类方法有哪些？

3. 农产品包装策略有哪些？

模块四
农产品价格策划

农产品价格的高低不仅直接影响着消费者的购买行为,也直接影响着农产品的销售量和利润。另外,农产品价格是影响农民收入最主要的因素之一。因此,农产品生产经营者要掌握一些有效的定价方法与技巧,以赢得消费者、增加收入。

学习目标

知识目标

1. 了解农产品价格的构成要素,明确影响农产品价格的主要因素。
2. 掌握成本导向定价法、需求导向定价法、竞争导向定价法的具体表现形式及适用条件。
3. 掌握成本导向定价法的三种分类的计算公式。
4. 掌握心理定价策略、折扣定价策略、产品组合定价策略的具体内容。
5. 掌握新产品定价策略的适用条件。

能力目标

1. 能够正确运用各种定价方法。
2. 能够根据不同情况,灵活运用各种定价方法为农产品制定合理的定价。

素质目标

1. 加深对农产品价格波动的理解。
2. 培养灵活定价的意识。

单元一　农产品定价方法

案例导入

透视蔬菜价格上涨的背后

四五根大葱十几块，一斤羊角椒六块多，一斤黄瓜六七块，一小把香菜好几块，最近菜价太高了。近日，很多银川市民反映，十月中旬前十几块钱能买好几样菜，现在十几块钱只能买一两样菜。蔬菜价格为何跳涨明显？记者走访发现，受季节、天气、疫情等多重因素影响，一些蔬菜“身价”上涨，特品菜加价更是超过五成。

11月21日，在宁夏四季鲜果品蔬菜批发市场的白菜批发区域，一辆辆满载大白菜的货车正在卸货。批发商季某某长期做白菜批发生意，她告诉记者，最近大白菜批发价为1.1元/斤，娃娃菜批发价是1.2元/斤，而往年这个价格差不多是零售价。

当日上午11时左右，批发商牛某某菜摊前没有顾客，她坐在火炉边休息，并说：“最近菜花价格太高，卖不动。因为今年夏天雨水多，菜花种植受到影响，原产地价格就高，批发价就比往年高出了30%。”

蔬菜采购商刘某对记者说：“今年菜价比往年高，我们采购时的品种相对缩减。”据了解，当日批发市场内胡萝卜的价格在1元/斤至1.5元/斤之间，黄萝卜价格为1.7元/斤，白萝卜价格为1.5元/斤。刘某采购的蔬菜主要供给一些单位食堂，他说：“加上采购、运输、人工等各项成本，我们供给食堂的蔬菜加价20%至30%。”

近期全国范围内的蔬菜价格较往年普遍涨幅较大。11月22日，宁夏回族自治区商务厅相关部门负责人介绍，造成蔬菜跳涨的主要原因有四个：一是目前蔬菜生产处于换季过程中，夏季蔬菜基本结束上市，秋冬蔬菜少量上市，正是“青黄不接”之时；二是今年入秋降温快、雨水多，山东、河南等主要产区的蔬菜生长缓慢，部分地区的蔬菜受雨水影响而减产，市场供应量减少，造成蔬菜尤其是菠菜等绿叶菜的价格涨势迅猛，有着“中国蔬菜价格晴雨表”之称的山东寿光，蔬菜价格周指数已经连涨六周；三是我区在冬季有70%～80%的蔬菜从外地调运，而近期汽柴油价格大幅上涨，造成蔬菜收购成本和物流成本明显增加；四是受疫情影响，蔬菜跨区域调运的数量减少。

（节选自：宁夏日报，2021年11月23日）

思考：根据资料，分析蔬菜价格上涨的主要原因有哪些？

知识储备

一、农产品价格的构成要素

农产品价格的算式如下：

农产品价格＝生产成本＋流通费用＋利润

1. 生产成本

生产成本是农产品在生产过程中耗费的所有物质资料和人工费用的总和。它是农产品价格的基础。

2. 流通费用

流通费用是农产品在从田间到市场这个过程中所产生的各种费用，主要包括储运费用、摊位费用等。流通费用的高低主要取决于流通环节的多少，流通环节越多，流通费用越高。

3. 利润

利润是指农产品的销售收入减掉生产成本和流通费用后的剩余部分。因此，利润的多少取决于农产品价格的高低及生产成本和流通费用的多少。

二、影响农产品价格的主要因素

1. 农产品成本

农产品成本包括生产成本和流通费用。成本是定价的下限，如果农产品定价低于这个下限，那么农户将无利可图，甚至连简单再生产也无法维持。在正常情况下，农产品定价要高于成本。

农户为获得理想的利润，一方面应在可能的情况下制定高于成本的销售价格，另一方面应在生产经营过程中采取各种措施来努力降低成本，以求在同等价格水平下获取更多的利润。

2. 农产品供求状况

一般情况下，当某种农产品的供给量大于市场上的需求量（即供大于求）时，产品滞销，价格下跌；当某种农产品的供给量小于市场上的需求量（即供不应求）时，产品畅销，价格上涨。当农产品价格高到某一水平时，将无人购买，因此，市场需求是农产品定价的上限。

对于不同的农产品，由于其需求价格弹性大小不一，所以供求关系对其价格的影响程度是不同的。

3. 农产品市场竞争程度

竞争对手的多少和竞争强度对农产品定价有重要的影响。

在市场上的竞争对手少，农产品价格就会偏高，特别是一些高档农产品；而在市场上的竞争对手多，农产品价格就会偏低。

在制定农产品价格时，必须考虑竞争对手的产品的质量和价格。如果自己的产品与竞争对手的产品相似，就可制定与竞争对手相近的价格，否则销路就会受到影响；如果自己的产品比竞争对手的产品差，则将价格定得低一些；如果自己的产品优于竞争对手的产品，则将价格定得高一些。

4. 其他因素

除上述因素之外，还有其他影响农产品价格的因素，如国家的农产品价格保护政策、消费者心理、国内外经济形势、货币流通状况、农产品生命周期等。

综上所述，成本决定了价格的下限；市场需求规定了价格的上限；竞争对手产品的质量和价格等因素决定了最高价与最低价之间的标价点。

三、农产品定价方法

影响农产品定价的主要因素是农产品成本、农产品供求状况和农产品市场竞争程度。从这三个方面出发，可将农产品定价方法分为三类：成本导向定价法、需求导向定价法和竞争导向定价法，如图 4-1 所示。

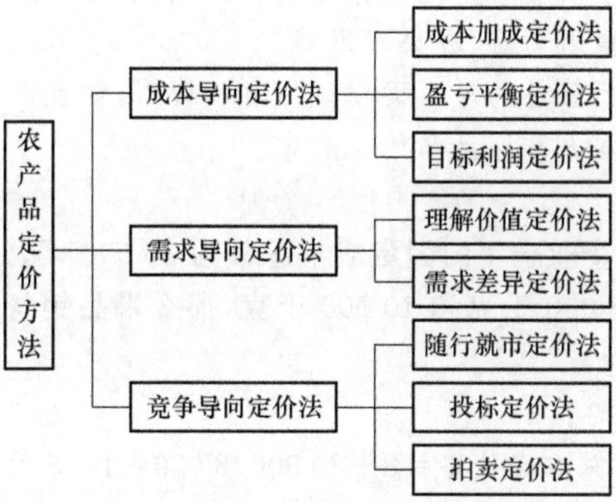

图 4-1　农产品定价方法分类

1. 成本导向定价法

成本导向定价法是以农产品的总成本为中心来制定价格的一种方法，分为以下三类。

(1) 成本加成定价法

所谓成本加成定价法，就是在产品单位总成本的基础上，加上一定的预期利润，作为产品的销售价格。利润比例就是俗称的"几成"。计算公式为

$$单位产品销售价格=产品的单位总成本\times(1+加成率)$$

采用这种定价方法的关键是：一要准确核算成本；二要确定恰当的利润百分比（即加成率）。对于季节性强的产品、特殊品、储存和保管费用高的产品以及需求缺乏弹性的产品，加成率一般高一些。

这种定价方法的优点是计算简便，在正常情况下，可以保证企业获得预期利润；缺点是只考虑了产品本身的成本，忽视了市场需求和竞争的情况。用这种定价方法计算出来的价格或不为消费者所接受，或缺乏市场竞争力。因此，应随着市场需求及竞争情况的变化对加成率进行相应的调整。

成本加成定价法适用于产销量与产品成本相对稳定、竞争不太激烈的情况。

【例 1】 某果品加工企业生产某种水果罐头，经核算，生产一瓶水果罐头的总成本为 10 元，

按30%的加成率计算每瓶水果罐头的销售价格。

每瓶水果罐头的销售价格＝10×(1＋30%)＝13元

(2) 盈亏平衡定价法

盈亏平衡定价法又叫收支平衡定价法或保本点定价法，是指按照某产品的销售总收入与该产品的总成本平衡的原则来制定该产品的价格。由单位产品销售价格×产品产销量＝产品总成本，得计算公式为

单位产品销售价格(保本点价格)＝单位产品变动成本＋单位产品固定成本

盈亏平衡定价法适用于竞争激烈、经营不善、销售困难的情况。

小提示

产品成本的分类

根据是否随产销量的增减而增减，可将产品成本分为两类：固定成本和变动成本。

固定成本是指在一定限度内不随产销量的增减而增减、具有相对固定性质的各项费用，如固定资产折旧费、房地租金、办公费用等。

变动成本是指随着产销量的增减而增减的各项费用，如生产工人的工资等。

固定成本与变动成本之和即产品的总成本。

【例2】 假设某果品企业全年的固定成本总额为20 000元，每千克果品的变动成本为8元，如果订货量分别为8 000千克和10 000千克，那么果品销售价格各定为多少时，企业才能保本？

订货量为8 000千克时：

保本点价格＝8＋20 000/8 000＝10.5元

订货量为10 000千克时：

保本点价格＝8＋20 000/10 000＝10元

(3) 目标利润定价法

目标利润定价法是以投资额为基础，加上投资者希望达到的目标利润进行定价的一种方法。计算公式为

单位产品销售价格＝(总成本＋目标利润)/预计销售量

＝(固定成本＋目标利润)/预计销售量＋单位产品变动成本

这种定价方法的优点是可以保证实现既定的目标利润，缺点是需要先估计产品的销售量，再据此计算出产品的价格，且得到的价格不能保证实现预估的销售量，这是因为在实际操作中，价格的高低会反过来对销售量产生很大的影响。

目标利润定价法适用于市场占有率较高或自制商品具有独特性的情况。

【例3】 在例2中，如果该果品企业希望达到的年目标利润为50 000元，预计年销售量为10 000千克，那么果品销售价格定为多少时，企业才能实现年目标利润？

目标利润价格＝(20 000＋50 000)/10 000＋8＝15元

2. 需求导向定价法

需求导向定价法是指以消费者对产品价值的理解和需求强度为依据来定价，而不以产品的成本为基础来定价。

(1) 理解价值定价法

理解价值定价法也称感受价值定价法或认知价值定价法，是根据消费者在主观上对产品的理解价值来定价的一种方法。

消费者购买某一产品，往往基于从广告宣传中所得的产品信息、自身的购物经验、对市场行情和同类产品的了解等，他们对产品价值有自己的认知和理解。只有当产品的价格符合消费者的理解价值时，他们才会接受这一价格；反之，消费者就不会接受这个价格，产品也就卖不出去。

理解价值定价法多用于名优特新产品及工艺品。如一个肯德基汉堡的成本不过几元，而售价高达十几元甚至数十元，但就因为它是名牌产品，所以仍然卖得很好，而其他普通品牌的汉堡即使质量已赶上肯德基汉堡，也卖不了那么高的价格。因此，消费者对产品价值的感受不是由产品成本决定的。

小提示

运用理解价值定价法的关键

◆ 加深消费者对产品价值的理解，提高他们愿意支付的价格上限。在市场上推出一种新产品时，首先要从产品的功能、质量、服务等方面进行宣传，为产品树立一个良好的形象，拉开其与市场上同类产品的距离，突出产品的特点，使消费者感到购买此产品能得到很多的好处，从而提高产品在消费者心中的价值。

◆ 正确估计消费者对产品的理解价值。在定价前认真做好营销调研工作，仔细比较自己的产品与竞争者的产品，从而正确估计消费者对产品的理解价值。

(2) 需求差异定价法

需求差异定价法又称差别定价法，是指根据销售对象、销售地点、销售时间等条件变化所产生的需求差异，尤其是需求强度的差异，对相同的产品采用不同的价格。

这种定价方法一般以产品的历史价格为基础，根据市场需求变化的具体情况，在一定幅度内加价或减价。需求差异定价法主要有以下形式。

① 针对不同消费者的需求差异定价法，即根据不同消费者的消费性质、消费水平和消费习惯等差异，制定不同的价格。例如：会员与非会员的价格不同；学生、教师、军人与其他消费者的价格不同；新顾客与老顾客的价格不同；等等。

② 针对不同地点的需求差异定价法，即根据地区间的差异，对在不同地区销售的同一产品，制定不同的价格。如某种饮料在旅游景点和街边零食店的价格不同。

③ 针对不同式样产品的需求差异定价法，即对于质量、成本相同但式样不同的产品，根据其对消费者吸引程度的不同，制定不同的价格。例如，质量、成本相同的产品，如果分别用礼品装、普通装及特惠装三种不同的包装，价格往往相差很大。

④ 针对不同时间的需求差异定价法，即根据消费者在不同时间段对同一产品需求强度的不同，制定不同的价格。如在需求旺季时，可以提高价格；在需求淡季时，可以降低价格。

需求差异定价法就是指根据具体情况对同一产品制定两种或两种以上的价格，其好处是可以使产品定价最大限度地符合市场需求，促进产品销售，使生产经营者获取最佳的经济效益。

小提示

需求差异定价法的适用条件

◆ 消费者对产品的需求有明显的差异，市场能够细分。

◆ 消费者在心理上认为产品确实存在差异，且价格差异不会引起消费者的反感和不满。

◆ 市场上不存在套利行为，低价市场的购买者无法将低价购进的某种产品在高价市场上倒卖给别人。

◆ 采取的价格差异形式不违法。

3. 竞争导向定价法

竞争导向定价法是指主要依据竞争对手的价格来定价，具体是通过研究竞争对手的产品质量、服务状况、价格水平等因素，结合自身的竞争实力，来确定产品价格。

(1) 随行就市定价法

随行就市定价法又称通行价格定价法，是以本行业的平均市场价格水平为定价基础的一种方法。

随行就市定价法容易被消费者所接受，不仅能使企业与竞争对手和平共处，避免价格战的产生，还能给自己带来合理的利润。随行就市定价法主要适用于以下几种情况：

① 对同质产品进行定价；

② 产品成本难以核算；

③ 欲与同行业竞争对手和平共处，避免竞争激化；

④ 难以对消费者和竞争对手的反应做出准确估计，不易为产品另行定价。

(2) 投标定价法

投标定价法是指在招标、竞标的情况下，根据竞争对手可能的报价来确定自己产品的价格。

投标定价法主要用于大宗农产品采购，一般是由一个买方(某农产品求购者)公开招标，多个卖方(某农产品供给者)竞争投标报价，最后由买方按照物美价廉的原则择优选取。

一般来讲，报价高，利润大，中标概率低；报价低，利润小，中标概率高。因此，农产品供给者在投标报价时，必须预测竞争对手的价格意向，制定既能保证中标，又能保证期望利润的最佳报价。

小提示

投标定价法的步骤

◆ 招标。由买方发出公告，提出需要的农产品的具体条件。

◆ 投标。卖方根据招标书的内容和要求，考虑成本、盈利及竞争者可能的报价，填写具有竞争性报价的标书，并密封送交买方。标书一经递送，卖方或投标人就要承担中标后应尽的职责。

(3) 拍卖定价法

拍卖定价法是由卖方预先发布公告，展示所出售的物品，在规定的时间和地点，采用公开拍卖的方式，由买方公开叫价竞购，卖方选择最高价格拍板成交的一种定价方法。

拍卖定价法与投标定价法的区别在于，前者是买方公开竞价，后者是卖方密封报价。

拍卖定价法具有竞争公开、出价迅速、交易简单的特点，农产品经营者在销售限量产品、珍品、高级艺术品等时，可通过这种方法获得理想的价格。

案例分析

农产品拍卖

2016 年，我国农产品拍卖领域快速发展，年成交额为 34.93 亿元，实现五年翻番。一批专业性拍卖企业开始崛起并受到广泛关注，云南咖啡豆、烟台苹果等一批有地方特色的农产品在 2016 年陆续进入拍卖领域，极大地丰富了农产品流通方式。

在福建武夷山举办的“2015 一带一路中华好茶 · 溯源保真”武夷获奖茶拍卖会上，气氛非常火爆，亮相的 8 个拍品受到热捧，每次拍卖均迎来数十次争夺，最后的拍卖总额超过 10 万元。

2015 年，在多地荔枝滞销的情况下，海南农垦局比较成功地组织了一次预拍卖，最终交易的价格高于平均市场价格，这体现了农产品拍卖的这种形式是摆脱买卖难困境的一条出路。

（节选自：搜狐网，2017 年 10 月 9 日）

思考：根据资料，分析如下问题。

1. 农产品拍卖有什么好处？
2. 哪些农产品适合拍卖定价法？

拓展训练

一、填空题

1. 产品成本根据其随产销量的增减变化的不同可分为(　　　　)和(　　　　)。
2. 需求差异定价法具体分为(　　)、(　　)、(　　)、(　　)四种形式。
3. 拍卖定价法与投标定价法的区别在于，前者是(　　)，后者是(　　)。

二、判断题

1. 产品成本是定价的下限，在正常情况下，产品定价要高于产品的单位总成本。(　　)
2. 在销售严重困难时，农产品经营者可亏本销售的条件是产品单价＞ 产品单位变动成本。(　　)
3. 采用投标定价法时，报价越低，中标的概率越大。(　　)

三、选择题

1. 影响农产品价格变动的因素主要有(　　)。

A. 农产品生产成本　　B. 农产品运销成本

C. 农产品供求的变化　　D. 竞争对手价格的变动

2. 在投标定价法中,供货企业报价的制定依据是(　　)。

A. 企业的目标利润　　B. 竞争对手的报价

C. 企业的成本费用　　D. 市场需求

3. 对于传统手工刺绣、镂雕等高级工艺品,宜采用的定价方法是(　　)。

A. 薄利多销　　B. 成本加成定价法

C. 理解价值定价法　　D. 随行就市定价法

4. 属于需求导向定价法的是(　　)。

A. 成本加成定价法　　B. 目标收益定价法

C. 理解价值定价法　　D. 需求差异定价法

四、思考题

1. “薄利一定多销”这种说法对不对?

2. 运用理解价值定价法的关键是什么?

五、综合分析题

某奶制品生产企业全年的固定成本为 90 万元,单位可变成本为 10 元/件,年生产能力为 10 万件。因行情不佳,目前订货量为 8 万件,每件售价 20 元,生产能力有富余。后有一客户愿出价 16 元订购 1.5 万件,问企业能否接受此订单?为什么?

单元二　农产品定价策略

案例导入

珠宝定价的故事

一家珠宝店新进了一批由珍珠质宝石和银制成的手镯、耳环和项链。店主对这批货十分满意,因为这批货比较独特,可能会比较好销售。他在进价的基础上,考虑其他相关的费用和平均水平的利润,制定了一个自认为能让顾客觉得物超所值的价格。这些珠宝在店中摆了一个月,一直销售不畅,店主十分失望。对此,他运用了新的销售策略:把这些珍珠质宝石装入玻璃展示箱,并将其摆放在该店入口的右手侧,同时安排了一名销售人员专门促销这些珠宝。然而，这些珠宝的销售仍然没有什么起色。就在此时，店主要外出选购产品，他急于减少库存以便给新的首饰腾出地方来存放。因此，他决心半价出售这批珠宝。临走时，他匆忙给副经理留下了一张字条："调整一下那些珍珠质宝石首饰的价格，全部半价出售。"副经理误认为字条上写的是这批珠宝价格一律翻倍，于是他将价格增加了一倍而不是减半。结果提价后的珠宝出售速度惊人，当店主回来的时候，这批珠宝已销售一空。

思考：根据资料，分析如下问题。

1. 为什么珠宝以原价两倍的价格出售会卖得很快？

2. 这个案例给了我们什么启示？

知识储备

一、心理定价策略

心理定价策略是为迎合消费者的不同心理需要而采取的一种灵活定价措施。采用心理定价策略能使消费者心理得到满足，从而激发消费者的购买欲望，达到增加产品销售量的目的。常用的心理定价策略有以下几种，见表 4-1。

表 4-1　心理定价策略

策略	内容	目的	适用情况
尾数定价	使产品价格以零头数结尾，如将产品价格定为 0.98 元而不定为 1 元，定为 9.95 元而不定为 10 元等	给消费者一种真实、价廉的感觉，满足其求实、求廉的心理	需求价格弹性较大的中低档产品
整数定价	与尾数定价正好相反，把产品价格定成整数，不要零头	使消费者觉得产品档次高，满足其求方便、求快的心理	高档产品或有特色的产品
声望定价	对享有声望的产品，制定比产品的实际成本、一般利润高得多的价格	迎合消费者的求名心理和"价高质必优"的心理，满足高收入消费者的需要	名牌产品、高档产品等
利数定价	采用一些吉利的数字给产品定价，如 66 元、88 元、518 元等	满足人们求吉利的心理	任何产品
招徕定价	也称特价品定价或牺牲品定价，即在一定时期内，把少数几种产品的价格定得特别低，如在节假日期间，店家经常会推出特价菜。注意，要经常变换特价产品，降低后的价格要能吸引消费者，降价要有时间限制，且数量要充足	满足消费者的求廉心理，吸引大量消费者光临，达到连带销售其他产品的目的	大多数消费者都需要的产品

二、折扣定价策略

折扣定价策略指农户或农业企业在出售农产品时，为了鼓励消费者提早付款、大量购买、淡季购买等，在基本价格的基础上再给购买者一定的价格优惠。常采用的折扣定价策略见表 4-2。

表 4-2 折扣定价策略

策略	内容	目的	适用情况
现金折扣	又称付款期限折扣，是指对按约定日期付款或提前付款的消费者，给予一定的价格折扣。例如，某农产品的付款期限为 1 个月，店家规定：若立即付现可打 95 折，10 天内付现可打 97 折，20 天内付现可打 98 折，最后 10 天内付款则无折扣。现金折扣策略应明确三点：一是付清全部货款的期限；二是折扣期限；三是折扣率的大小	鼓励消费者早日支付货款，加速资金周转，降低呆账风险	赊销的产品
数量折扣	累计数量折扣：即在一定期限内，对同一消费者的购货数量或金额进行累计，按照累计数额大小给予不同的价格折扣。如某土特产经营者规定：消费者在一年内的购买量累计达到 1 000 元时，价格折扣 3%；达到 2 000 元时，价格折扣 5%；超过 3 000 元时，价格折扣 6%	鼓励消费者经常购买，使其成为长期客户，降低经营风险	长期交易的产品、大批量销售的产品以及需求相对比较稳定的产品
	非累计数量折扣：即根据消费者一次购买数量或金额的多少给予不同的价格折扣。如某果品经营者给消费者的优惠为：不足 200 元时，无折扣；一次购买满 200 元时，价格折扣 10%；满 300 元时，价格折扣 15%；满 500 元时，价格折扣 20%	鼓励消费者一次性大量购买，促进产品多销、快销	短期交易的产品、季节性产品以及过时、滞销、易腐、易损的产品
季节折扣	是指对那些在淡季购买产品的消费者给予价格优惠。例如，炎热的夏天是鲜花经营的淡季，鲜花的售价比旺季时便宜三四成，以百合花为例，旺季时 8 元/支，而夏季时 5 元/支	鼓励消费者淡季购买，以减少产品库存积压，节约仓储费用，加速资金周转，实现均衡生产	需求具有明显淡旺季的产品
功能折扣	又称交易折扣，是指根据各类中间商在市场营销活动中功能的不同，分别给予其不同的价格折扣	鼓励中间商充分调动自己的积极性	依靠中间商销售的产品

三、产品组合定价策略

农户或农业企业在生产经营多种农产品，且这些农产品之间存在某种联系时，要综合考虑各相关产品来定价，以使产品组合取得整体的最大利润。产品组合定价策略主要有以下几种，见表 4-3。

表 4-3　产品组合定价策略

策略	内容	目的
产品线定价	当生产经营系列产品时，要确定产品线中各种产品之间的价格差异。如某核桃经营企业将不同档次的核桃分别定价为每千克 38 元、45 元、60 元	满足不同层次消费者的需求，使整个产品线整体利润最大化
附带产品定价	附带产品又称互补产品，指必须和主要产品一起使用的产品，如水晶花卉与水晶泥。一般来说，要把主要产品的价格定得低些，而把附带产品的价格定得高些	通过低价促进主要产品的销售，并以此带动附带产品的销售
副产品定价	当生产过程中有副产品产生时，只要买方愿意支付的价格大于储存和处理这些副产品的费用，就可以接受，如猪肉加工企业的猪皮、猪毛等都属于副产品	减少生产者的支出，为主要产品制定更低的价格，提升竞争力
产品群定价	将相关产品组合在一起销售，并为其制定一个比分别购买各个产品更低的价格，如各种杂粮的组合更优惠	通过薄利多销，增加销售量，使总利润最大

四、新产品定价策略

因为没有可供参考的销售资料，所以新产品定价难度较大。如果定得过高，则不被消费者认可，新产品难以推广；如果定得过低，则难以收回前期投资，影响农户或农业企业的收益。常见的新产品定价策略有三种，见表 4-4。

表 4-4　新产品定价策略

策略	内容	优缺点	适用情况
取脂定价策略（高价策略）	又称高价厚利策略，即在新产品刚进入市场时，把产品的价格定得很高，远远高于成本，以便在最短的时间里收回投资，获取最大的利润	优点：利润高，回收成本快；有利于树立高档、优质的产品形象；有降价空间，便于价格调整 缺点：高价有可能会影响销路，且易诱发竞争	无类似替代品、新颖有特色的产品；专利产品；需求缺乏弹性的产品；技术独特且短期难以被他人效仿的产品
渗透定价策略（低价策略）	把新产品的价格定得很低，以便在短时间内迅速打开销路，在市场上广泛渗透，提高市场占有率	优点：有利于迅速打开市场；阻止竞争对手进入 缺点：投资回收期长；价格变动余地小	需求弹性大、市场生命周期长、潜在市场容量大的产品
满意定价策略	为新产品制定一个不高不低的价格，这样既能吸引消费者，又能获得利润	优点：在正常情况下能收回成本和取得利润；价格有上调和下降的余地 缺点：定价较为保守，有可能失去赢利的机会	一般产品

拓展阅读

农产品定价的“诀窍”

(1) 薄利多销。主要针对竞争能力较弱的农业企业,只要制定的价格能使其盈利就可以。

(2) 利润最大化。主要针对新奇农产品或渠道来源可控的农产品。如果市场上与之竞争的农产品少,那么就可以定高价,使利润最大化。

(3) 销售总额最大化。实质是变相地扩大消费者范围,从而促进市场竞争。

(4) 面向高端市场。根据商品销售的“二八法则”,80%的收入来自20%的消费者,所以农业企业要把精力集中在有购买欲望的消费者身上。

(5) 低价竞争。主要针对那些需求量弹性大,稍微降低价格就会刺激消费需求的农产品。

(6) 保持价格稳定。在消费者心目中,质量好的农产品,其价格会高一些,且价格稳定。因此,在市场竞争和供求关系比较正常的情况下,为了占领固有市场和避免不必要的价格竞争,就要稳定价格,实施中价位策略。

案例分析

玫瑰之王——蓝色妖姬

一种产自荷兰的玫瑰花名叫“蓝色妖姬”,在上海,这种玫瑰花的价格已经达到了200元一枝。在其他品种的玫瑰花都还没卖完的时候,唯独“蓝色妖姬”卖得一干二净。“蓝色妖姬”的“稀奇”之处在于:一是品种奇,市面常见的大多为红色玫瑰、紫色玫瑰、白色玫瑰、黄色玫瑰等,纯蓝色的玫瑰极其罕见;二是名字奇,“蓝色妖姬”这个名字既有一些神秘感,也有一丝叛逆和狂放的意味在其中;三是价格贵得出奇,卖方充分利用“物以稀为贵”的消费心理,有意抬高价格。

思考:根据资料,分析如下问题。

1. 在上述案例中,采用的是哪种定价策略?

2. 请结合实际谈谈要对农产品进行怎样的创新才可以获得高利润?

拓展训练

一、选择题

1. 根据中间商在市场营销活动中功能的不同,给予不同的价格折扣是(　　)。

A. 现金折扣　　B. 数量折扣　　C. 交易折扣　　D. 功能折扣

2. 对于高档瓷器，应采取(　　)。

A. 尾数定价　　B. 整数定价　　C. 声望定价　　D. 招徕定价

3. 农产品经营者把创新农产品的价格定得较低，以吸引大量消费者，提高市场占有率，这种定价策略是(　　)。

A. 取脂定价　　B. 渗透定价　　C. 满意定价　　D. 招徕定价

4. 为鼓励消费者购买更多的农产品，应采用的定价策略为(　　)。

A. 功能折扣　　B. 数量折扣　　C. 季节折扣　　D. 现金折扣

5. 超市经常推出“特价”“惊爆价”产品，这属于(　　)策略。

A. 如意定价　　B. 招徕定价　　C. 尾数定价　　D. 季节折扣

二、思考题

1. 举几个运用不同心理定价策略的例子。

2. 折扣定价策略有哪几种？各在什么情况下使用？

3. 新产品定价策略有哪几种？各在什么情况下使用？

模块五
农产品营销渠道策划

长期以来，农产品流通问题是困扰农民的核心问题，农民丰产不增收、农产品买卖难的现象普遍存在。如何合理地选用销售方式，将农产品快速、经济、方便地提供给消费者，达到扩大农产品销售范围、减少流通费用、提高经济效益的目的，是本模块要重点介绍的内容。

农产品销售的方式很多，按是否经过中间环节，可分为直接销售（简称“直销”）与间接销售；按所采用销售方式的不同，可分为传统销售与网络销售。

学习目标

知识目标

1. 了解农产品直销的优点和缺点，理解采用农产品直销方式的条件。
2. 掌握农产品零售直销、农产品订单直销、农产品观光采摘直销的实施要点。
3. 明确农产品间接销售的主要方式，理解代理商、经纪人与经销商的区别。
4. 了解农超对接的主要模式及制约因素，掌握农超对接的实施要点。
5. 了解农产品网络销售的方式。

能力目标

1. 能根据实际情况，正确选用农产品直销的形式。
2. 掌握农产品农超对接操作的基本技能。
3. 学会根据实际情况选择有效的农产品间接销售渠道。

4. 能够根据实际情况选择农产品网络销售的方式。

素质目标

1. 培养诚信意识、合同意识，树立法制观念。
2. 培养积极探寻农产品销售渠道的意识。
3. 培养重视、利用高新技术的意识。

单元一　农产品直接销售

案例导入

东里镇的甘蔗

在广东省汕头市澄海区，有一个名为“东里镇”的地方，这里盛产甘蔗。每年到了甘蔗收获的季节，当地的农民就会面临如何销售甘蔗的问题。

为了解决这个问题，当地农民把甘蔗运到集市上，直接卖给消费者。这种销售方式减少了中间环节，不仅能够使农民获得更高的利润，还能帮助农民更好地了解市场需求，及时调整种植和销售策略。此外，当地政府也大力支持农民的这种销售方式，并提供了各种帮助，如提供摊位和宣传推广等。这些措施进一步促进了当地甘蔗产业的发展。

思考：根据资料，分析农产品直销有什么优势与劣势？这种销售方式在什么条件下适用？

知识储备

一、农产品直销概述

1. 农产品直销的概念

农产品直销是农产品生产者直接将农产品销售给消费者，不经过任何中间环节转手的销售方式，也称零级渠道。

2. 农产品直销的优点和缺点

农产品直销没有任何中间商的介入，起点是农产品生产者，终点是消费者，这种销售方式的优点和缺点见表 5-1。

表 5-1　农产品直销的优点和缺点

优点	缺点
① 了解消费者需求。直接面向消费者销售，可及时、具体、全面地了解消费者的需求 ② 控制农产品价格。取消了中间环节，减少了农产品损耗，免去了层层加价，降低了营销成本和售价，提升了农产品竞争力 ③ 为消费者提供有效服务。直接为消费者服务，为消费者特殊的购物需要提供了可能 ④ 返款迅速。可及时收回货款，加快资金周转速度	① 分散农产品生产者的精力。农产品生产者集生产、销售、管理于一身，要承担全部的市场风险 ② 增加销售费用。农产品生产者销售产品时需要花费一定的人力、物力、财力 ③ 销售受限。农产品生产者的销售能力有限，销售范围和数量受到较大的限制

3. 采用农产品直销方式的条件

农产品直销的优势明显，但不是所有的农产品生产者在任何条件下都适合采用这种方式。采用农产品直销方式时，需要考虑农产品、生产者、消费者等方面的因素，见表 5-2。

表 5-2　采用农产品直销方式的条件

考虑的因素		条件
农产品	自然属性	农产品易腐烂、变质或损坏，如蔬菜、水果、鲜花等
	体积和重量	农产品体积大、笨重，如牛、羊等
	技术性和服务要求	农产品技术性强、服务要求高，如观光旅游农业的产品及服务
生产者	销售能力和经验	具有较强的营销能力和较丰富的经验，可自行组织销售
	规模和实力	规模大、实力雄厚，可以占领目标市场，并不断扩大市场份额
	经济效益	所得大于支出且经济效益最大
消费者	目标市场范围	目标市场范围小，潜在购买者少
	消费者的集中程度	消费者分布较为集中
	消费者的购买习惯	单次购买量大，购买频率低
其他	空间便利性	交通便利
	与中间商的合作情况	中间商不愿合作且合作费用高

农产品直销的方式多种多样，主要分为农产品零售直销、农产品订单直销和农产品观光采摘直销三类。

小提示

农产品直销的销售策略

1. 配送策略

安全营养的农产品、高效便捷的配送服务是很多城市家庭需要的。要做好配送服务，需建立一个高效的配送系统。

2. 免费体验策略

通过让消费者免费体验产品，让消费者明白什么样的产品才符合自己的需求，从而使其建立对产品的信任。

二、农产品零售直销

1. 农产品零售直销的概念

农产品零售直销是指农产品生产者在田间、地头、农贸市场等场所直接把农产品出售给消费者，或直接把农产品送到客户（旅馆、饭店、家庭）手中。

2. 农产品零售直销的主要形式

农产品零售直销的主要形式如下：

① 农贸市场直销；

② 农家直销；

③ 田间、地头直销；

④ 柜台、直销店直销；

⑤ 直接送货上门；

⑥ 网上零售直销。

3. 农产品零售直销的实施要点

农产品零售直销的实施要点主要体现在以下几个方面。

① 农产品生产者。作为农产品直销人员，农产品生产者要具备较高的营销素质。

② 农产品。农产品生产者要保证农产品质量，以赢得消费者的信任。

③ 交易场所。政府要加强农贸市场的建设，这是发展农产品零售直销的基础。

④ 市场信息。农产品生产者要通过中介组织、营销大户、互联网等多种途径，及时了解市场信息，以销定产。

三、农产品订单直销

1. 农产品订单直销的概念

农产品订单直销是由农产品加工企业或最终用户与农产品生产者直接签订购销合同，农产品生产者根据合同安排生产、定向销售的直销形式。如粮食加工企业与农户直接签订单订购粮食、学校食堂与农户直接签订单订购蔬菜等。这种直销方式是先找市场后生产，既避免了生产的盲目性，又适应了市场的需要，较好地解决了农产品买卖难的问题。

2. 农产品订单直销的主要形式

农产品订单直销的主要形式如下：

① 与科研单位、种子生产单位签订合同；

② 与农业产业化龙头企业或农产品加工企业签订购销合同；

③ 与专业合作经济组织、专业协会签订合同；

④ 与其他最终用户签订合同。

无论通过哪种形式，都要以搞好产销衔接为重点，以保护农民利益为核心，因地制宜地发展农产品订单直销。

3. 农产品订单直销存在的主要问题

（1）盲目签订合同

有的生产者在对合同不够了解的情况下，随意签下一些不切实际的虚假单、模糊单，从而导致很高的风险，造成不应有的损失。

（2）合同不规范

合同不规范的情形有以下几种：第一，主体不明确，一旦发生经济纠纷，很容易造成无人负责的局面；第二，内容不详细，缺少对合同履行期限、地点、方式、违约责任或争议解决办法等关键内容的明确规定；第三，具体规定不合理，这在一定程度上影响了合同的可操作性。

（3）当事人诚信意识和法律意识不强

当市场价格低于订单价格时，有的农产品企业会因无利可图而毁约，或者订而不收，或者压价收购，使农户遭受经济损失；当市场价格高于订单价格时，有的农户也会因利益而毁约，把农产品卖给其他收购者，从而损害对方的正当权益。上述两种情况都会影响农产品订单直销的健康发展。

（4）农产品质量不符合要求

有的农户缺乏守约意识，不按照约定的标准生产农产品，而单纯追求数量，致使农产品质量达不到合同的要求，导致履行订单时产生争议，出现毁约现象。

4. 农产品订单直销的实施要点

要做好农产品订单直销，需要从寻找农业订单、签订农业订单、履行农业订单三方面着手，见表 5-3。

表 5-3 农产品订单直销的实施要点和操作方法

要点	操作方法
寻找农业订单	借助政府力量寻找农业订单；通过农产品推销能人寻找农业订单；通过参加农产品交易会寻找农业订单；通过网络寻找农业订单；通过农业中介服务机构寻找农业订单
签订农业订单	① 诚信考察。调查签约企业的信用情况，选择信誉好、实力强、运转正常的企业作为合作对象 ② 市场调研。多渠道、全方位地搜集农产品的供求信息，了解农业订单的适用范围；把农业订单的重点放在名特优农产品和专用农产品上 ③ 订立合同。签订完备、严密、可操作的合同，尽量避免因约定不明而发生争议；为防止企业毁约，要详细列明合同条款
履行农业订单	① 维护订单的严肃性。加强对法律法规知识及相关政策的宣传力度；增强合同双方的法律意识，引导农户和企业树立法制观念 ② 提高农产品质量。加快推进标准化生产和管理；大力推广先进科学技术，采用科学管理方法提高农产品质量；增强农户的质量意识、标准意识，使其严格按照订单的要求履行职责

在农产品订单直销的各个环节中，政府要做好引导、服务、规范和监督工作。

四、农产品观光采摘直销

1. 农产品观光采摘直销的概念

观光采摘直销是农产品生产者在游客观光、采摘、垂钓等活动中，直接推销自己农产品和服务的一种直销形式，是随着观光农业的兴起而产生的。

观光农业是为满足人们精神和物质享受而开展的，可吸引游客前来观赏、品尝、购物、习作、体验、休闲、度假的现代农业形态，是旅游业与农业交叉的新型产业。观光农业以“绿色、参与、体验、休闲”为特色，游客在直接接触、观赏、享受的过程中，产生消费欲望，从而购买农产品。

2. 影响农产品观光采摘运行的主要因素

(1) 农产品缺乏特色

大多数观光采摘园只会相互模仿，农产品缺乏特色，难以满足游客的深层次需求，从而造成游客逗留时间短，游客消费支出受限，游客重游率低。

(2) 农产品季节性较强

由于农产品季节性较强，所以观光采摘园有明显的淡旺季之分。旺季时游客众多，淡季时游客甚少，这在一定程度上造成了资源的浪费。

(3) 基础设施和公共服务体系不完善

基础设施和公共服务体系建设滞后是观光采摘园普遍存在的问题。比如：道路凹凸不平，狭窄难行，可进入性非常差；卫生及住宿条件差，让人望而生畏；等等。

(4) 经营人员服务水平低

大多数观光采摘园都是在原有生产基地的基础上开发而形成的，经营人员以当地农民为主，他们在长期的生产活动中形成了自由散漫的习惯，又因未受专业培训而服务水平较低，从而容易引起游客的不满。

(5) 经营人员缺乏品牌意识

大多数观光采摘园的经营人员都缺乏品牌意识，在品牌建设上投入得较少，仅靠原始的口碑进行品牌传播，从而导致观光采摘园在市场上的知名度不高，很难吸引游客。

3. 农产品观光采摘直销的实施要点

要做好农产品观光采摘直销，要从以下五点入手：打造特色农产品、突破季节性限制、抓好基础设施建设、提高服务水平、强化品牌意识，具体见表 5-4。

表 5-4　农产品观光采摘直销的实施要点和操作方法

要点	操作方法
打造特色农产品	采用先进的农业生产技术培育新的农产品；引进新奇农产品
突破季节性限制	依托设施栽培反季节品种；合理搭配农产品品种，突出多样性与观赏采摘的持续性
抓好基础设施建设	修整道路；设置停车场；建造服务接待设施；搞好园区绿化
提高服务水平	邀请有关专家对经营人员进行培训；内部定期组织服务方面的培训
强化品牌意识	在户外进行广告宣传，如在高速公路沿途设置广告宣传牌，在公路两旁设立旗帜广告等；借助媒体的力量，以新闻事件的形式向公众进行宣传；积极参与或举办各种品牌推广活动

拓展阅读

观光农业的主要类型

① 观光种植业：是一种结合农业生产、生态保护和旅游观光的农业发展模式。它利用现代农业技术开发出具有较高观赏价值的农作物品种园地，或利用现代化农业栽培手段向游客展示农业最新成果。如引进优质蔬菜、绿色食品，组建农业观光园、自摘水果园、农俗园、果蔬品尝中心等。

② 观光林业：是一种结合农业和旅游活动的产业。它以农业为基础，以旅游为手段，旨在满足人们的精神和物质享受。

③ 观光牧业：是一种结合农业生产和旅游观光的新型农业经营模式。这种模式不仅保留了牧业的生产功能，还拓展了生态旅游的功能。

④ 观光渔业：是一种将渔业资源和旅游资源结合起来的新型产业。它集养殖、休闲、旅游观光、渔业特色餐饮于一体。

⑤ 观光副业：是指在传统农业、渔业、林业等非旅游主导的行业中融入旅游元素，开展与旅游相关的活动，进而形成的一种新型产业模式。

⑥ 观光生态农业：是一种以农业和农村为载体的新型生态旅游业。它以农业自然资源为基础，以农业文化和农村生活文化为核心。

案例分析

七月盛夏，骄阳似火，但也阻挡不住游客们出游的兴致。时下，在北大荒集团嫩江农场有限公司生态采摘园里，前来采摘的游客穿梭在大棚内，或踮脚采摘，或细心品尝，手上提着的篮子里尽是“战果”。

生态采摘园负责人说：“除了要满足游客采摘之外，我们还要供应周边的超市和水果市场。由于我们施的是农家肥，种植的水果和蔬菜品相佳、口感好，所以订货的人特别多，供不应求。”

“我们这是国家AAAA级景区，而且地处黑河和五大连池风景区的黄金旅游线路的中间地带，农场找准了生态与经济双赢的契合点，着力发展绿色产业，推进农旅融合发展，”嫩江农场林业公司经理李桐君一边帮游客装袋、称量一边介绍说，“咱们采摘园以生态种植模式为主，坚守自然生长法则，坚决不打农药，而且生态灭虫，施的都是有机肥，种植出来的水果和蔬菜全是绿色有机的，保证绿色健康。”

近年来，嫩江农场依托资源优势与地理优势，积极推进农旅融合发展新模式，大力发展生态采摘，丰富旅游项目，提升游客体验。目前，生态采摘园内共有20座大棚，分别栽植了草莓、香瓜、哈密瓜，辣椒、茄子、秋葵等各类水果、蔬菜，共32种，不断吸引着省内外游客，成为远近闻名的采摘打卡目的地。

“下一步，我们将组织开展亲子游、农事体验等旅游活动，在丰富旅游新业态的同时，鼓励更多农户参与其中，把我们周边的生态农家产品等转化为旅游产品，带动乡村振兴，”李桐君表示，“我们将持续发挥生态优势，推动文旅融合发展，让田园变景点、采摘园变乐园，不断拓宽致富的道路，为乡村振兴、产业发展添柴加火。”

（节选自：黑龙江新闻网，2023 年 7 月 19 日）

思考：上述案例给我们带来了什么启示？

拓展训练

一、判断题

1. 农产品直销可降低营销成本，进而降低农产品售价，对买卖双方都有利，因此，农产品生产者在具备一定实力的条件下，可采用农产品直销的方式。（　　）

2. 农业订单内容一般应包括农产品的品种、数量、质量和价格。（　　）

3. 只要农产品有特色，就可以搞好农产品观光采摘直销。（　　）

二、思考题

1. 选择农产品直销方式需要满足哪些条件？

2. 简述做好农产品零售直销的注意事项。

3. 如何寻找农业订单？

4. 签订农业订单时应注意哪些问题？

5. 搞好农产品观光采摘直销有哪些关键点？

三、实践题

通过上网了解各地农产品直销的现状，并总结其中的经验和教训，为农产品直销创新提出建议。

单元二　农产品间接销售

案例导入

今年秋冬，全国大白菜产量大增，地头收购价对比去年“拦腰斩”，不少地区出现滞销现象。苏果超市启动托底保价收购，这让泗洲蔬菜合作社的种植户张大姐心里“稳稳的”。正在采收大白菜的种植户张大姐高兴地说：“有了苏果的订单扶持，没有中间环节，价格上有优势，给菜农们带来了稳定的收入。”不仅如此，“超市＋合作社＋农户”的经营模式还实现了品质统一管理、收购统一定价,为农民致富搭起了“金桥”。近年来,整个村子驶入富民强村的快车道,人均收入比5年前翻了一番。

农超无缝对接,以市场需求为导向,不断调整种植业结构,不仅让农产品卖得快,还卖得好。“农超对接”的一头连着农村农民福祉,一头连着城市居民民生。华润苏果担负起了乡村振兴的历史使命,目前已经在江苏、安徽、浙江、云南、四川、江西、海南、贵州、青海等地建成多个以蔬菜、水果为主的农超对接基地,为区域特色农产品双向流通加油赋能,为全面推进乡村振兴不断助力。

(节选自:新浪网,2022年11月)

思考:根据资料,回答以下问题。

1. 苏果超市与农户是如何对接的?
2. 苏果农超对接值得推广的做法有哪些?

知识储备

一、农产品间接销售概述

1. 农产品间接销售的概念

农产品间接销售是农产品生产者通过中间商把自己的农产品卖给消费者的销售方式,包括一级渠道、二级渠道、三级渠道等。

2. 农产品间接销售的优点和缺点

在农产品间接销售方式下,农产品生产者与消费者之间有若干个中间商,这种销售方式的优缺点与农产品直接销售相反。农产品间接销售的渠道越长,越能有效地覆盖市场,越能扩大农产品的销售范围,市场风险越小。但渠道越长,环节越多,农产品价格会越高,越不利于市场竞争,同时越不利于与消费者沟通。

3. 采用农产品间接销售的条件

在不适宜采用农产品直销的条件下,可采用农产品间接销售的方式。农产品间接销售渠道的长短主要取决于农产品自身的特点,宜长则长,宜短则短。短渠道一般适合保质期不长的农产品,如蔬菜、海鲜等。长渠道一般适合产量大、需扩大市场销售范围的农产品,如大米等。农产品间接销售的方式主要有代理商销售、经纪人销售、批发商销售、零售商销售。

二、中间商的种类

1. 按是否拥有产品的所有权分类

(1) 代理商、经纪人

代理商是指受生产者委托,从事产品销售业务,但不拥有产品所有权的中间商。他们只按代销额提取一定比例的报酬,不承担市场风险。

经纪人与代理商类似,自身并不拥有产品和货币,只为给买卖双方牵线搭桥并协助他们进行谈判,在促成交易后,由委托方支付其佣金。

(2) 经销商

经销商是从事产品流通业务,并拥有产品所有权的中间商,包括享有产品所有权的批发商和零售商。在买卖过程中,他们要承担经营风险。

2. 按在流通过程中作用的不同分类

(1) 批发商

批发商是指主要从事批发业务,将产品批量销售给转卖者或者生产者的中间商。按经营业的内容,可将批发商分为专业批发商和综合批发商;按经营地区,可将批发商分为生产地批发商和销售地批发商。

(2) 零售商

零售商是指将产品直接销售给最终消费者,以经营零售业务为主要收入来源的中间商,具体有以下两种。

① 有店铺零售商,主要包括百货商店、超级市场、便利店、专营店、折扣店、专卖店等。

② 无店铺零售商,主要包括邮购公司、自动售货机、网上商店等。

三、农产品经纪人

1. 农产品经纪人的概念

农产品经纪人是指从事农产品收购、储存、运输、销售以及销售代理、信息传递、服务等中介活动而获取佣金或利润的组织或个人。

农产品经纪人活动的目的是得到佣金。简单地说,佣金就是农产品经纪人为买卖双方提供交易信息、交易场所等而收取的费用。对农产品经纪人来说,他们除了可以通过中介服务获取佣金外,还可以通过自营农产品赚取购销差价。

2. 农产品经纪人的分类

按经纪业务划分,可以分为以下几种。

(1) 销售型经纪人

销售型经纪人从事农产品的购销活动,把农民生产的农产品收过来再卖出去,把农民需要的生产资料买回来再卖给农民,能够为当地农产品寻找市场,解决农产品的买卖难问题。

(2) 科技型经纪人

科技型经纪人利用自己掌握的农业科技知识和技能为农民服务,帮助农民引进并推广农业新品种、新技术,在为农民服务的过程中获得收入。

(3) 信息型经纪人

信息型经纪人主要为农民提供农产品种植、养殖、加工以及市场行情、政策等多方面的信息,使农民的农产品找到好的销路、卖出好的价格,从中获得一定的信息服务费。

(4) 复合型经纪人

复合型经纪人既能从事农业生产,提供技术、信息服务,又能处理农产品的购销业务。这一类农产品经纪人的综合实力较强。

按组织形式划分,可以分为以下几种。

(1) 个体经纪人

个体经纪人利用自己掌握的知识和信息,促成双方达成交易,并从中获得一定的收益。

(2) 合伙经纪人

以一个经纪人带头，其他经纪人分工协作，共同促成交易或组织收购。

(3) 经纪人协会

经纪人协会不仅有一定的规章制度，还有理事会等组织机构。这一类农产品经纪人抵御市场风险的能力比较强，组织交易的农产品规模和金额较大。

(4) 专业合作经济组织

专业合作经济组织除具有经纪人协会的功能外，还能组织会员进行农产品生产，对会员进行培训，使其掌握农产品生产方面的知识。

(5) 经纪人公司

经纪人公司是经纪人发展的高级模式，要求经纪人具有比较高的素质和管理水平。

按经营性质划分，可以分为以下几种。

(1) 专业经纪人

专业经纪人是指不从事农产品生产，专门从事农产品销售的人。

(2) 兼职经纪人

兼职经纪人是指在特殊的时间段，特别是在农产品收获的季节里，从事农产品经纪活动的人，他们既从事农产品生产活动，又从事农产品销售活动。

3. 农产品经纪人的主要经纪活动

(1) 居间活动

居间活动是指农产品经纪人为交易双方提供市场信息、交易场所以及联系媒介，促成双方交易成功的商业行为。

【案例1】 山西省某村的老张从网上了解到，北京有一家酱菜公司需要大量的白萝卜，而老张的村子今年刚刚收获了很多白萝卜，乡亲们正愁卖不出去，于是老张就联系上了这家酱菜公司。酱菜公司决定利用老张的庭院收购白萝卜。在这场交易中，老张为酱菜公司提供了市场信息和交易场所，作为交易双方的促成者，老张要收取一定的佣金。此时，老张的行为即居间活动。

(2) 行纪活动

行纪活动指农产品经纪人根据委托人的委托，以自己的名义与第三方进行交易，并由农产品经纪人承担规定的法律责任的商业行为。

【案例2】 在案例1中，若老张联系上这家酱菜公司后，该酱菜公司不亲自去收购白萝卜，而是委托老张按照公司规定的价格和质量要求收购一定数量的白萝卜，并承诺完成任务后付给老张一定的佣金。在这种情况下，老张以自己的名义收购白萝卜，在收购过程中出现的所有问题，老张都要负责处理和解决。此时，老张的行为即行纪活动。

(3) 代理活动

代理活动是指农产品经纪人在委托权限内，以委托人的名义与第三方进行交易，并由委托人直接承担相应的法律责任的商业行为。

【案例3】 在案例2中，老张联系上这家酱菜公司后，该酱菜公司委托老张按照规定的价格和质量要求收购一定数量的白萝卜，并承诺完成任务后付给老张一定的佣金。若老张不是以自己的名义，而是以该酱菜公司的名义收购白萝卜，那么在收购过程中出现的所有问题，老张都不必承担责任，而是由该酱菜公司来承担责任。此时，老张的行为即代理活动。

(4) 自营活动

农产品经纪人不是靠促成别人的交易和接受别人的委托收取佣金，而是通过低价买进、高价卖出的方式获取利润。

【案例 4】 老张在知道酱菜公司想要的白萝卜的价格、数量、品质以后，以自己认为合适的价格从乡亲们手里收购白萝卜，然后卖给酱菜公司，从而赚取价格差。但是老张要承担买卖过程中的全部责任。此时，老张的行为即自营活动。

4. 农产品经纪人的作用

(1) 促进农产品流通

农产品经纪人既具有丰富的交易经验和娴熟的交易技巧，对买卖双方的行情比较熟悉，又拥有集中的市场信息，可以比较顺利地开展中介业务，并在最短的时间内以理想的价格促成交易，从而大大加快农产品流通的速度。

(2) 优化农业产业结构

农产品经纪人了解农产品的供求状况，担负着农产品市场信息传递的任务，对农业生产起着一定的引导作用，能够使农业产业结构随着市场发展趋势趋于合理化。

(3) 更新农民的生产经营观念

农产品经纪人往往有着较强的市场经济意识和一定的组织能力。以农产品经纪人的行为和观念为先导，把新的信息、好的观念带到农村、传给农民，能够培养和加强农民的市场意识，更新农民的生产经营观念。

四、农超对接

1. 农超对接的含义

农超对接是农户或农产品生产企业和超市签订意向性协议书，由其向超市直供农产品的一种新兴的农产品流通模式，主要是为优质农产品进入超市搭建平台。

2. 农超对接的优点

(1) 减少农产品流通环节，增加农民收入

农超对接减少了农产品流通环节，降低了流通成本，增加农户收入的同时也给消费者带来了实惠，是一种惠农利民的农产品流通模式。

(2) 减少生产的盲目性

农超对接能够将销售信息及时、准确地反馈到生产环节中，使农户及时调整生产规模和农产品结构，真正实现了市场需要什么就生产什么，避免了生产的盲目性，有效地降低了市场风险。

(3) 保障农产品安全

农超对接可使超市获得数量稳定、质量可靠、卫生安全的农产品。

总之，农超对接拓宽了农产品的销售渠道，增加了农户的收入，不仅能使消费者买到质量可靠、价格实惠的农产品，还能提高超市的盈利水平，是一种农户、消费者、超市三方共赢的农产品流通模式。

3. 农超对接的主要模式

(1) 超市+农业合作社+农户

超市向符合要求的农业合作社进行采购,农业合作社再组织农户进行生产。

(2) 超市+农业龙头企业+农户

超市以农业龙头企业为中介同农户合作,为合作对象提供专业的农产品种植和养殖技术或资金,建立食品安全监督体系,使其农产品达到安全标准。

(3) 超市+供销社+农业合作社+农户

超市不直接和农业合作社进行对接,而是通过当地的供销社与农业合作社、农户进行对接。供销社先帮助农业合作社建立标准化的生产基地,农业合作社再组织农户进行生产。

(4) 超市+合作农场

超市入股农业生产企业,合作开发自有农场。农户把土地租借给农业生产企业,或者以土地入股,农业生产企业直接投资设立农产品生产基地,聘用当地的农户进行农业生产。因此,农户只需提供劳务即可。

(5) 超市+农业生产大户+农业生产小户

超市与农业生产大户对接,农业生产大户负责对农业生产小户的农产品进行集中储存和运输,协调农业生产小户农产品的种类。

拓展训练

一、判断题

1. 分销渠道的环节越多,销售越难控制,这意味着分销渠道越短越好。(　　)

2. 代理商与经销商的主要区别在于:代理商对产品有所有权,而经销商对产品无所有权。(　　)

3. 参与零售活动的机构就是零售商。(　　)

4. 只要具有农产品销售经验,任何人都可以成为农产品经纪人。(　　)

5. 农业合作社规模化、标准化程度的高低是制约农超对接的关键因素。(　　)

二、思考题

1. 鲜花、苹果、西红柿、核桃、小麦等农产品各宜采用什么销售渠道?为什么?

3. 搞好农超对接应解决哪些问题?

三、实践题

考察本地某一农产品经纪人,了解其主要的经纪活动。

单元三　农产品网络销售

案例导入

枸杞红了！90后宁夏小伙借抖音电商让枸杞远销各地

宁夏大地上，一粒粒鲜红饱满的枸杞果挂满枝头，似红霞接天连地，十分壮观。宁夏中宁是枸杞种植的发源地之一，已有600多年的人工栽培历史。“塞上江南”独特的地理环境和气候为枸杞的生长提供了沃土，这片土地上生长的枸杞色正粒大、皮薄肉厚、籽少甘甜。9月，抖音电商上线“山货上头条丰收季”等助农专区，投入千万级农产品补贴及流量资源，覆盖百余村镇，助力地方农货上行。借助于视频直播、货架展示等方式，挂在枝头的宁夏枸杞将走进千家万户。

中国枸杞之乡——宁夏中宁有着全国最大的枸杞交易市场——中宁国家级枸杞市场。郝金是这里的常客。每到枸杞丰收时，他都会频频造访这里，或是跟着父亲为自家商铺进货，或是帮渠道经销商做代购。而最近几年，随着短视频和直播的普及，不少像郝金这样扎根家乡的新农人开始把目光投向抖音电商这个更为广阔的线上市场。通过“山货上头条”专项扶助，在今年头茬枸杞丰收时，郝金的抖音店铺的销售量比去年上涨10多倍。手机不仅拉近了商家和消费者的距离，也拓展了交易的边界。在网络这个充满想象力的线上空间，郝金找到了奋斗的方向，也看到了更远的未来。

“大家好，我是三哥，你吃过真正的宁夏中宁枸杞吗？”短视频里，郝金又开始推荐他家自产自销的枸杞了。在不久的将来，这些枸杞将以“杞三哥”这个品牌，从宁夏中宁走进千家万户。

（节选自：宁夏新闻网，2023年9月）

思考：以上案例运用了哪种销售模式？

知识储备

一、视频营销

1. 视频营销概述

视频营销指的是企业将各种视频短片以各种形式放到互联网上，达到一定宣传目的的营销手段。视频营销中的视频包含影视广告、网络视频、宣传片、微电影等。视频营销归根到底是营销活动，因此，成功的视频营销不仅要有高水准的视频制作，更要挖掘营销内容的亮点。

视频与互联网的结合让视频营销同时具备了两者的优点。这种创新的营销形式既具有电视短片的种种特征，如感染力强、形式内容多样等，又具有互联网营销的优势。很多互联网企业纷纷推出视频营销这一服务项目，并以其创新形式吸引用户的关注。

视频营销是指把产品或品牌信息植入视频中，产生一种视觉冲击力和表现张力，通过网民的力量实现自传播，从而达到营销的目的。视频营销具有互动性强、传播速度快、成本低廉等优势，它实质上是电视广告与互联网营销的结合。

2. 视频营销的策略

(1) 病毒营销

视频营销的厉害之处在于传播精准。它首先会使用户对视频产生兴趣，其次使其关注视频，最后将其由关注者变为传播分享者，而被传播对象势必是与其有着相同特征和兴趣的人。这一系列的过程就是在目标消费者中精准筛选传播的过程。

当网民看到一些经典、有趣、轻松的视频时，他们总是愿意主动去传播。当受众主动、自发地传播企业品牌信息时，视频就会带着企业信息，像病毒一样在网上扩散。病毒营销的关键在于企业具有有价值的视频内容，能够找到一些意见领袖帮助传播。

(2) 事件营销

事件营销一直是线下活动的热点，国内很多品牌都依靠事件营销取得了成功。其实，策划一个有影响力的事件，编写一个有意思的故事，并将这个事件拍摄成视频，也是一种非常好的方式，而且有内容的视频更容易被网民传播。将事件营销的思路放到视频营销上，将会创造新的营销价值。

(3) 整合营销

每一个用户的媒介和互联网接触行为习惯都不同，这使得单一的视频传播很难取得好的效果。因此，要做好视频营销，企业首先需要在自己网站上开辟专区，以吸引目标用户的关注；其次，要与主流的门户、视频网站合作，扩大视频的影响力；最后，应将互联网上的视频营销与线下活动、线下媒体等整合起来，以便让用户充分地参与。

3. 视频营销的技巧

(1) 以内容为本

视频营销的关键在于内容，内容决定了其传播的广度。好的视频不依赖传统媒介，能够通过自身魅力吸引用户成为传播的中转站。

网民看到一些经典、有趣、惊奇的视频时总是愿意主动去传播，自发地帮助企业推广品牌信息，获得传播的视频就会带着企业的品牌信息在互联网上以病毒扩散的方式蔓延。因此，如何找到合适的品牌诉求，并将其与视频结合起来，是企业需要重点思考的问题。

(2) 力争占据频道首页

很多视频类网站(如优酷、土豆等)都分了多个频道，企业可以根据自己视频的内容选择相应的频道发布，力争占据频道首页，因为这样可以让更多的网民看到视频。在推广的时候要注意合理运用标签、关键词，以便用户搜索。

(3) 增强视频的互动性

网民的创造力是无穷的，与其等待网民被动接收视频信息，不如让网民主动参与到传播的过程中。在社会化媒体时代，网友不仅希望能够自己创作视频内容，而且也喜欢将视频上传并与他人分享。有效整合其他社交媒体平台，增强视频营销的互动性，可以进一步增强营销的效果。如发布视频之后，留意网友的评论并开展互动活动等。

二、直播营销

1. 直播营销概述

所谓的直播营销，就是通过直播现场事件的发展进程进行节目的制约和播出，并且以直播平台为载体，达到推广企业品牌的效果。由于直播本身就带有强烈的社交性质，因此社交是直播营销的重点。正因为直播建立在社交的基础之上，直播营销才能被许多企业视为主流营销模式。观众可以在直播中以留言、发送弹幕的方式与品牌直接进行对话，从而实现与品牌的社交；观众也可以通过观看其他观众的留言和弹幕，实现与其他观众的社交。在社交过程中，直播营销发挥了以下三大作用。

第一，直播营销具有强大的自主性。在一般情况下，商家需要主动联系客户进行营销，但是直播则打破了营销在市场中的被动地位。在信息呈爆炸式增长的当下，观众寻找娱乐性的内容已经成为一种本能，当他们在直播平台上看到自己感兴趣的内容时，自然而然地就会点进去观看。有了观众就等于有了流量，在互联网中拥有了流量就等于打开了销售市场。让观众主动参与到营销活动之中，不仅能加深其对品牌的印象，而且能够起到品牌带动市场的效果。

第二，直播营销具有强大的掩盖性。到目前为止，还没有任何一种互联网社交方式能够代替直播在网络社交中的地位。观众通过直播平台观看丰富多彩的营销活动，甚至在很多情况下，观众并不会认为这些活动是一种营销行为，因为他们更多的是带着娱乐的眼光来观看直播。然而，在观众聚精会神地观看直播并参与到直播讨论中的时候，品牌印象已经在不知不觉中深入到一部分观众的心中，而这部分观众则很有可能转化为品牌的潜在客户。因此，直播用娱乐的方式将企业具有营销性质的活动完美地掩盖了起来，让观众在不经意间对品牌形成深刻的印象。

第三，直播营销可实现快速变现。企业可以通过直播营销的方式直接将聚拢来的流量变成利润。直播一般都是“一对多”，也就是说，一名“销售人员”面对上百甚至上万名观众，这样不仅节约了人力成本，还能让观众通过直播窗口边看边买。因此，直播用最直接的方式实现了流量变现。但这种变现与一般意义上的依靠“打赏”的直播流量变现不同，直播营销变现的主要来源是产品。在变现的过程中，卖出大量产品并扩大品牌的影响力，才是直播营销真正为企业带来的收益。

综上，直播营销通过强大的社交模式为观众带来美好的体验，聚拢了互联网中的大批流量，是目前传播效果最好的营销模式。正因为直播营销利用的是最新的传播媒介——直播平台，直接汇聚了网络中具有类似喜好的用户，建立了一个具有“黏性”的受众群体，才开启了一个新的营销时代。

2. 直播营销的四种模式

各大企业之所以会看好直播，除看中直播的娱乐性质之外，还看中了直播活动中强大的潜在销售能力。无论是网红、明星，还是有良好组织的团体、企业，都可以借助于直播平台一夜爆红，打造全新的品牌 IP，并以直播为基础使用全新的广告模式来吸引消费者。因此，直播营销受到了很多企业的欢迎，而且正确的直播营销方式能够让企业、品牌、消费者紧密串联,形成固定的网络流量生态循环系统。

网络直播的门槛非常低,这也决定了直播营销的模式有很多种,对目前已有的成功的直播营销模式进行归纳整合,就可以发现主要有以下四种。

(1) 品牌＋直播＋明星

虽然现在已经有很多网红的人气超越了明星,但是当企业想要通过直播塑造品牌形象的时候,在大多数情况下还是会优先考虑拥有固定形象的明星。明星本身就拥有庞大的粉丝群体,虽然大多数明星在直播的过程中为了维护自身形象,不能像很多网红那样随心所欲,但是正因为明星维护的自身形象与品牌的形象相符合,才能让被直播吸引过来的粉丝转化为品牌的消费者。这就是“品牌＋直播＋明星”的直播营销模式。在企业直播营销的所有模式中,这种直播营销模式属于相对成熟并且容易成功的一种,目前已经有了很多成功的案例。

在以“草根”直播为主的年代,大牌明星往往能迅速抓住观众的注意力,进而产生大量的流量。虽然这种直播营销模式见效极快,但是也有不可避免的缺陷。大部分明星在匆匆直播完毕之后,不会像大多数网红那样留下影响较为深远的话题,并且明星直播这种模式已经被大量企业采用,观众对明星的好奇心在被大量消磨之后,“品牌＋直播＋明星”的直播营销模式所产生的效益也会大量减少。因此,企业在利用“品牌＋直播＋明星”的这种直播营销模式进行营销活动的时候,要学会把握时机,不能因为获得了利润就大量、反复地利用这种直播营销模式,否则会很快失效。

(2) 品牌＋直播＋企业日常

在直播的时代,个人吃饭、购物等日常活动都可以作为宣传个人 IP(形象)的直播内容,同样,企业的日常也可以作为直播内容。实际上,大多数消费者都对产品幕后的“企业日常”非常感兴趣。所谓的“企业日常”包括企业制订新品计划的过程、研发产品的过程、生产产品的过程等,甚至企业主管开会的状态、员工就餐时的情景等也属于“企业日常”。这些对于企业来说稀松平常,但对于消费者来说却是掩盖在产品光环下的“机密”。因此,将“企业日常”挖掘出来并搬上直播平台也是一种可以吸引消费者注意力的直播营销模式。

(3) 品牌＋直播＋发布会

发布会一般是企业在推广新产品时使用的必要手段,但是大多数企业都会选择线下发布会,而一些有前瞻性的企业已经开始尝试利用直播将新品发布会搬到线上。这些企业通过“品牌＋直播＋发布会”的直播营销模式进行产品的营销活动,既宣传了新品又达到了与观众互动的目的。通过直播,消费者可以直接看到产品的性能以及使用效果,这种真实性有利于消费者群体建立对企业的信任。虽然企业的线上发布会有节约成本、吸引流量等优点,但却并非毫无瑕疵。

国内“品牌＋直播＋发布会”的直播营销模式的代表就是小米科技有限责任公司。雷军不仅把小米手机的发布会搬到直播平台上,还大胆地在直播平台上举办了“小米无人机”的线上发布会。但是,这场发布会却不尽如人意,“小米无人机”在发布会试飞的过程中突然坠机,直播现场一片混乱,观众甚至能听到直播现场有人在喊“切断直播”的声音。虽然小米做了很多的后续工作,让无人机成功上市,但是许多“米粉”还是对小米产生了怀疑。因此,企业在利用“品牌＋直播＋发布会”的直播营销模式时,一定要做好万全的准备,既要保证发布会能够顺利进行,还要预防发布会中可能出现的意外情况。

(4) 品牌＋直播＋深互动

虽然“百播大战”已经度过了高潮时期，但是企业对直播营销的探索还处于初级阶段。由于直播平台是作为社交工具而诞生的，所以企业在进行直播营销的时候，应尽可能地发挥直播平台作为社交工具的优势。目前，企业主要使用的直播营销模式是“品牌＋直播＋深互动”。然而，这种直播营销模式实际上是最难创新的一种直播营销模式。因为直播本身具有很强的互动性，所以如果企业想让品牌通过直播平台与消费者进一步“深互动”，就要不断地创新。但是，一旦企业在“品牌＋直播＋深互动”的直播营销模式上有了正确的创新思路，就会获得相当可观的成果。

3. 直播对品牌营销的价值

直播对品牌营销的价值如下。

第一，直播可以为企业挖掘、培养一批品牌的忠实用户。随着经济的发展，人们生活水平的提高，大多数消费者的购买行为不再是为满足生理需求而产生的，而是为了满足心理需求而产生的。因此，在当今社会，消费者在购物时时常带有强烈的情感，而品牌就是抓住消费者情感的最佳道具。使消费者对品牌变得更加“忠诚”，是直播为品牌营销创造的重要价值之一。

第二，直播可以提升消费者的品牌体验感。大多数企业在线上推销时，最常采用的是“文字＋图片”的方式进行产品描述。虽然也有部分企业会穿插短视频，但是这种方式其实和微博、微信等社交门户的广告极为相似，甚至更加繁杂，大多数消费者难以完整、仔细地看完。但是当产品的使用方法、使用细节以及注意事项都可以通过直播的方式直观地展现在消费者的眼前，并且消费者还可以通过直播平台提问时，消费者的产品体验感就会有所提升。当直播中的产品在消费者的心中留下良好的印象时，品牌的形象自然也会获得一定的加分。

第三，直播可以提高品牌曝光率。品牌曝光率是品牌营销中最重要的部分，企业在建立品牌形象的过程中几乎都是围绕着“品牌曝光”进行的。只有让品牌尽可能多地被消费者了解、熟知，才能真正达到品牌营销的目的。直播平台聚集了互联网中的流量，把品牌“丢入”直播平台这种“流量池”中，自然就会掀起传播的“涟漪”。但是，在品牌参与直播的过程中，企业必须在直播内容上不断创新，向消费者展示最新颖、最有趣的品牌文化内涵，只有这样才能在“流量池”中不断地吸收流量。否则，即使直播为品牌带来了价值，这种价值也是短暂的，因为消费者在无法获得新颖、有趣的内容的时候，就会在心理上产生厌倦，最终导致品牌价值流失。

4. 直播营销的两大“坑”

直播营销的本质就是“流量变现”，而具体的流量变现的方式则取决于企业直播营销的效果。由于现在直播的门槛非常低，各种各样的事物纷纷在直播中亮相，因此并不是所有的直播营销都可以带来相应的回报，许多企业一不小心就会落入直播营销的“坑”中。

第一“坑”：直播的平台、主播和内容选择不当。直播平台的性质与主播属性、消费者市场完全挂钩。斗鱼、虎牙等游戏类直播平台的主播一般是玩游戏的，不大可能讲述财经方面的专业内容。同样，疯牛直播平台上的主播大多数都是财经大咖，这些财经界的“牛人”不大可能为观众直播玩游戏。

由于直播平台本身就具备一定的“品牌效应”,所以在经过垂直细分之后,各个主播的直播内容也有了明显的分化。因此,企业在选择直播平台的时候,一定要确保平台符合企业的品牌形象。另外,企业也要确保主播和品牌形象相符。如果主播和直播内容与企业品牌形象不符,那么即使选择了正确的直播平台,也会引起观众的反感。

第二“坑”:直播目的主次不明确。目前企业利用直播主要有两个目的:第一,利用直播达到“传播”的目的,即宣传企业、宣传品牌、宣传产品,使企业的品牌和相关产品被更多人熟知;第二,利用直播达到“销售”的目的,也就是说把产品卖出去。企业在利用直播营销的时候,很容易将这两个目的的主次颠倒,最终导致直播营销失败。

很多企业都希望利用直播同时达到“传播”和“销售”的目的,其中分清这两个目的的主次是关键所在。

三、微信营销

1. 微信营销概述

微信营销是网络经济时代企业或个人营销模式的一种,是伴随着微信的火热而兴起的一种网络营销方式。截至2022年年底,微信的用户数量已经突破12.9亿,如此庞大的用户群体,使得微信成为商家进行营销活动的有力工具,其优势主要体现在以下几个方面。

(1) 互动性强,黏度高

我们在微信发布一条朋友圈时,一般会有人点赞或者评论,这种强大的互动性是其他营销手段无法相比的。同时,微信建立在信任的基础上,朋友圈里的人要么是朋友,要么是家人,黏度非常高,这对营销活动非常有利。

(2) 操作简单,实用性强

微信的操作简单,容易上手,尤其是它的语音功能,解决了人们打字的烦恼,即使是那些不会打字的人也能轻松玩好微信,这是其他软件无法比拟的。

(3) 用户数量庞大

截至2022年年底,微信的用户数量已突破12.9亿,而且这个数字还在增长。正是因为用户数量庞大,微信营销才成了商家必选的营销手段之一。

(4) 便于维护用户

之前,企业常常通过上门拜访、打电话等方式来维护用户,费时费力。现在有了微信,企业与用户沟通方便多了。如在用户生日的时候给他发个祝福,在企业推出优惠活动时第一时间通知用户。微信拉近了企业与用户之间的距离,也增进了企业与用户之间的情感。

(5) 信息到达率、曝光率高

微信可以根据用户的性别、年龄、区域等进行有针对性的广告投放,并能够确保将每一条信息都传达到用户手中,这使得信息到达率、曝光率高。

(6) 展示企业形象

在互联网时代,我们向用户展示信息的途径主要有两种:一是在电脑端使用网站;二是在手机端使用微网站。随着移动互联网的发展,微网站的地位越来越重要,成了展示企业形象的重要平台之一。

(7) 营销方式多样化

微信的营销方式多种多样。如果利用朋友圈营销,则可以通过更换签名和封面、发布朋友圈等来实现营销。如果利用微信公众号营销,则可以通过视频、语音、群发、推送等方式来实现营销。

2. 微信营销的优势

如今微信营销日益火爆,这与它自身的优势是密不可分的。微信营销的优势主要表现在以下四个方面。

第一,个人微信很好地解决了信任问题,在微信上营销时,信任度更高。

第二,信息到达率高,当我们把产品信息分享到朋友圈时,在正常情况下,好友都可以看到。

第三,更加亲民,互动性强,当我们发布一条朋友圈时,一般会有人点赞或者评论,这是其他营销方式无法做到的。

第四,成本低,注册一个微信就可以开始推广产品,不像使用其他的推广方式(如软文、贴吧、论坛等)那样,需要投入很高的费用。

总之,微信不仅是一种生活方式,更是一种营销方式。

四、团购平台营销

1. 团购概述

(1) 团购的定义

团购就是团体购物,是指彼此认识或不认识的消费者联合起来,提高与商家的谈判能力,以求得最优价格的一种购物方式。根据薄利多销的原理,商家可以提供低于零售价格的团购折扣和单独购买得不到的优质服务。团购作为一种新兴的购物方式,通过消费者自行组团、商家组织团购等形式,提高消费者与商家的议价能力,并极大程度地使消费者获得商品让利。

网络团购也称为 B2T(Business to Team),在国内始发于北京、上海、深圳等城市,并迅速在全国各大城市发展起来,成为众多消费者追求的一种现代、时尚的购物方式。

(2) 团购的功能

从商家的角度分析,团购既适合推荐新产品,也适合处理尾货,是商家品牌营销的方式之一,其功能如下。

① 快速打开市场。拨出一部分原有的广告预算来做团购促销,是一种快速提高品牌认知度、打开新市场的方法。例如,企业在一个地区开设分店,可以把团购作为启动市场的策略,以便快速提升分店的客流量。

② 清理库存。如果企业原本就准备降价清理库存,那么团购就是一种很合适的方式。

③ 平衡销售。如果企业的经营有明显的淡旺季之分,那么发起团购就是平衡淡旺季销售的一个好策略。淡季的团购促销不仅能够吸引新的顾客,还能回馈老顾客。

(3) 国内知名的团购网站

① 美团网。美团网成立于2010年3月,它不仅能为消费者发现值得信赖的商家,让消费者享受超低折扣,还能为商家找到合适的消费者,向商家提供优质的推广服务。

② 大众点评网。大众点评网于2003年4月在上海成立。大众点评是中国领先的本地生活信息及交易平台,也是全球最早建立的独立第三方消费点评网站。大众点评为用户提供商户信息、消费点评及消费优惠等信息服务,同时亦提供团购、餐厅预订、外卖及电子会员卡等O2O (Online to Offline) 交易服务。大众点评是国内最早开发本地生活移动应用的企业,目前已经成长为一家移动互联网公司。

2. 商家参与团购的流程

商家参与团购的流程如下。

① 分析商品是否适合团购。因为不是所有的商品都适合团购,所以商家应首先分析自己的商品是否适合团购。通常可以从以下三个方面来分析:是否存在大量的市场需求;是否具备一定的品牌影响力;是否属于高毛利商品。

② 确定商品信息。在一次团购中,应该推出哪款商品、如何定价等都是需要充分考虑的问题。例如,备货就是一件很复杂的事情。货备多了,资金会积压;货备少了,补货速度就有可能跟不上,从而影响销售量。因此,正式开团之前,商家需要有一个合理的预估。预估的准确与否主要取决于团购网站能力的强弱和自身商品受欢迎的程度。

③ 联系团购网站发布团购信息。选择团购网站时,要视商品情况而定。例如,餐饮、娱乐、美容等,应该联系在本地有较大客源和影响力的团购网站;而食品、服饰、酒店等,则应该考虑推广渠道更为广泛的大型团购网站。选定团购网站后,商家应确认团购商品,签订团购合同。

④ 发货前的准备。团购开始后,商家要派专人负责售前服务,如果是实物商品,应提前为发货做好各项准备,包括联系快递公司、准备商品的包装材料等。

⑤ 发货。很多团购网站的合同都是要求"团购完三天内发货",但是如果真的按照既定时间发货,那么一旦遇上团购量特别大的订单,就无法按时发货,所以在拿到数据的那一刻,就要尽快开始打单发货。在发货这一环节需要特别注意两点:一是避免发错货;二是把好质量关。这是因为商品快递发出后,一旦出现质量问题,售后的压力就会很大,而且处理不好还会影响品牌在市场上的声誉。

⑥ 售后服务。如果商家没有准备好团购商品和服务就去面对一次突然的客流高峰,那么很可能会使消费者产生不好的体验。而一款特意打造的团购商品如果被批得一文不值,无疑会给商家带来负面的影响,所以团购的售后服务非常重要。

拓展训练

一、判断题

1. 网络销售相对于传统的销售方式有很多优势,因此网络销售必将取代传统销售。(　　)

2. 缺少资金和互联网专业知识的农户不适合在网上销售农产品。(　　)

二、思考题

1. 直播营销有哪些作用和注意事项？
2. 团购的功能有哪些？

三、实践题

实地考察一家农业企业，了解其农产品网络销售情况，并总结该企业在网络销售方面的经验。

模块六
农产品促销策划

农产品促销是指农产品营销主体通过人员或非人员的方式，向广大消费者传递产品或服务的信息，从而刺激其购买欲望，达到增加农产品销售量的目的。促销组合的基本形式可以分为人员推销和非人员推销两大类。采用推动或者拉引两大促销组合策略可以增加农产品的销售量。

学习目标

知识目标

1. 了解农产品促销的含义。
2. 掌握人员推销、广告促销、营业推广、公共关系的具体步骤和方法。
3. 掌握影响农产品促销组合的各种因素。
4. 掌握农产品促销组合策略。

能力目标

1. 能正确运用各种农产品促销方式，占领目标市场，增加农产品销售量。
2. 在不同情况下，能够正确运用农产品促销组合策略占领目标市场。

素质目标

1. 灵活运用农产品营销过程中的各种促销方式。
2. 树立整体营销意识。

单元一　农产品促销方式

案例导入

在2023(中国)亚欧商品贸易博览会上,若羌县展出的红枣及红枣精深加工产品备受广大客商关注。展会现场,来自若羌县的新疆羌都枣业股份有限公司、若羌县罗布庄子红枣专业合作社、塔里木红枣专业合作社的各种包装精美的红枣产品摆满了企业展位,许多外地客商和游客慕名前来,制干红枣、枣花蜜、红枣礼盒等被全国各地客商“相中”。

“我们企业每年都会参加亚欧博览会,很荣幸再次参加今年的商博会,今年我们带来了参枣礼盒和一口脆枣片等产品,其中最受欢迎的就是参枣礼盒。羌都参枣皮薄、核小、肉嫩、味香,很受消费者欢迎,我们希望通过本次商博会与更多的企业达成合作。”新疆羌都枣业股份有限公司的销售经理鞠芬说道。

近年来,若羌县聚焦红枣资源优势,致力于打造中国最好的红枣,并不断加大对红枣产业的扶持力度,积极引导枣农间伐、间移、科学修剪,创新实行“五统一”管护模式,促进红枣标准化管理、绿色有机生产,成功入选了中国特色农产品优势区和全国绿色食品原料标准化生产基地。在此基础上,若羌县又加大了有机红枣种植和科技研发的力度,并研发出了红枣多糖、富硒红枣等多种深加工产品,引起了外界高度的关注。

(节选自:中国新闻网,2023年8月23日)

思考:根据案例,分析若羌县采用了哪种促销方式?

知识储备

一、农产品促销的含义及方式

1. 农产品促销的含义

农产品促销就是运用各种方式向消费者提供农产品的信息,帮助消费者认识农产品,引起消费者的注意与兴趣,并使其对农产品产生好感,从而激发消费者购买欲望的过程。

农产品促销可以起到传递信息、沟通渠道、诱导需求、扩大销售范围、突出产品特点、强化竞争优势、提高声誉等作用。

2. 农产品促销的方式

① 人员推销:推销人员直接向消费者推销农产品。

② 广告促销:推销人员通过电视、报纸、杂志、广播、网络等推销农产品。

③ 营业推广:推销人员通过打折、赠送礼品和优惠券等方式推销农产品。

④ 公共关系:推销人员通过举办赞助活动、募捐活动、慈善活动、记者招待会、新闻发布

会等推销农产品。

农产品促销方式的优缺点分析见表 6-1。

表 6-1 农产品促销方式的优缺点分析

促销方式	优点	缺点
人员推销	直接沟通信息，反馈及时，可当面促成交易	推销人员占用多，费用高，接触面窄
广告促销	传播面广，形象生动，节省人力	信息单向传递，只能针对一般消费者，难以立即成交
营业推广	吸引力大，易激发消费者的购买欲望，可促成消费者的当即购买行为	接触面窄，有局限性，有时会降低产品的档次
公共关系	影响面广，信任程度高，可提高企业知名度和声誉	精力消耗较多，效果难以控制

二、人员推销

人员推销是最传统也是最不可缺少的一种促销方式，它在现代市场经济中占有相当重要的地位。与其他促销方式相比，人员推销具有选择性、控制性、情感性和双向沟通性的特点。

1. 人员推销的步骤

(1) 寻找顾客

人员促销的首要环节就是寻找顾客。只有有了特定的推销对象，才能开展实际的推销工作。寻找顾客的方法有以下四种，见表 6-2。

表 6-2 寻找顾客的方法

方法	内容
市场调查	可以由营销主体自己进行，也可以委托有关的市场咨询公司进行
资料查阅	可以通过查阅现有的信息资料来寻找顾客，如工商企业名录、统计资料及有关的书报和杂志等
广告媒介	可以利用各种广告媒介来寻找顾客，如报纸、杂志、广播、网站等
他人介绍	可以请亲朋好友或现有的老顾客介绍新顾客

(2) 筛选顾客

筛选顾客就是运用一定的方法，甄别出能真正购买产品的顾客的过程。为此，首先应确定筛选标准，包括购买欲望、购买决策权以及购买能力三个要素；其次，应根据标准运用恰当的方法对顾客进行筛选；最后，应检查筛选的结果是否准确，并为筛选出的顾客建立档案。

(3) 接近顾客

接近顾客指推销人员与顾客正式就产品交易接触见面的过程。需注意的是，首先，应尽可能了解被接近对象的心理特征。常见的心理特征有外露型、随和型、保守型、暴躁型等。其次，应选择合适的接近顾客的方法。常见的方法有自我介绍接近法、聊天式接近法、建议赞美接近法、广告赠物法、表演接近法、关系交际接近法、印象先导接近法等。最后，运用各种接近方法时，要注意观察对方的情绪，并根据对方情绪的变化及时调整。

(4) 面谈议购

在推销过程中，面谈是关键环节，而面谈的关键是说服，说服的策略一般有以下两种。

① 提示说服。通过直接或间接、积极或消极的提示，将顾客的购买欲望与产品特性联系起来，由此促使顾客做出购买决策。

② 演示说服。通过文字、图片、声音等劝导顾客购买产品。

(5) 释疑解惑

面谈时，顾客往往会针对产品提出各种问题，这就要求推销人员必须首先认真分析顾客问题的类型及其根源，然后有针对性地实施处理策略。处理策略一般有肯定与否定法、询问处理法、预防处理法和延期处理法等。

(6) 促成交易

推销人员在认为时机已经成熟时就应抓住时机，促成交易。促成交易常用的策略有以下几种。

① 优点汇集成交法。即把顾客最感兴趣的产品的优点或从中可得到的利益汇集起来，将其集中再现，从而促成顾客购买。

② 假定成交法。既先假定顾客已准备购买产品，然后询问其所关心的问题，或谈及使用某产品的计划，以此促成交易。

③ 优惠成交法。即利用顾客追求实惠的心理，通过提供优惠条件，促使顾客立即购买。

④ 保证成交法。通过提供成交保证，如包修、定期检查等，帮助顾客克服使用时的心理障碍，从而促使其购买。

(7) 售后服务

产品售出后，推销活动并未就此结束，推销人员应该与顾客继续保持联系，以了解他们对产品的满意程度，及时处理他们的意见，消除他们的不满。良好的售后服务可以提高顾客的满意度，增加产品再销售的可能性。

小提示

洽谈的艺术

◆ 注意自己的仪表和服饰打扮，给顾客留下一个良好的印象。

◆ 要讲文明、懂礼貌、有修养，做到稳重而不呆板、活泼而不轻浮、敏捷而不冒失。

◆ 在开始谈判时，推销人员应巧妙地把话题转入正题，做到自然、轻松、适时。可采取关心、赞誉、请教、炫耀、探讨等方式转入，以引起顾客的注意和兴趣。

◆ 在洽谈的过程中，推销人员应让顾客多说话，认真倾听，切忌高谈阔论，让顾客反感或不舒服。

◆ 洽谈成功后，推销人员切忌匆忙离去，应用友好的态度和巧妙的方法向顾客表示祝贺，并提醒顾客注意合约中的重要细节。

2. 人员推销的方法

人员推销的方法指推销人员在面对不同的推销气氛、推销对象和推销产品时所采用的推销策略，见表 6-3。

表 6-3 推销策略

推销策略	内容
“刺激-反应”策略	利用刺激性较强的方法促使顾客购买，通常在对顾客的了解不够充分时使用。推销人员要首先设计能引起顾客兴趣、刺激顾客购买欲望的推销话术，其次对顾客进行试探，观察其反应，最后加以引导，实现刺激顾客产生购买行为的目的
“配合-成交”策略	利用针对性较强的说服方法，促使顾客购买，通常在推销人员已掌握顾客需求的前提下使用。推销人员要首先设计好针对性较强的推销话术，其次有的放矢地宣传、展示和介绍产品，最后说服顾客购买
“诱发-满足”策略	运用高超的推销技巧，刺激顾客产生某种需求，从而促使其购买，通常在顾客毫无购买兴趣的情况下使用。推销人员首先要明确这种需求的动机，然后要抓住时机，因势利导，向顾客介绍产品的同时献出具有鼓励性和诱惑性的购买建议，激发其强烈的购买欲望，并说明该产品正好能满足顾客的需要，从而促成交易

拓展阅读

洛川苹果：闪耀的中国红

金秋时节的洛川，层林尽染，果实挂满枝头。无论是行走在国道、省道还是乡间小道，都能闻到沁人心脾的苹果香。走进果园，果农们不是忙着卸果袋，就是忙着铺反光膜。反光膜晒着太阳，果园到处闪着银光，喜悦挂在每一个人的脸上。

踏平坎坷成大道，小苹果成了大产业。党的十八大以来，洛川县委、县政府一届接着一届干，加速规模质量发展，不断开拓市场，走出了一条富民强县的实践路径。

2016 年 10 月 12 日，在洛川县举办的首届世界苹果大会上，时任国际园艺学会主席罗德里克·德鲁在参观了果园、品尝了苹果后，竖起大拇指称赞：“延安在这样的自然环境下，把果园管得这么好，特别震撼，堪称楷模！”

2017 年 10 月 18 日，党的十九大隆重开幕。洛川苹果盆景被摆放在人民大会堂所有代表通道的两旁。许多代表都被两旁的“迷你”苹果树吸引了。时任美国总统特朗普访华时，洛川苹果盆景也作为植物景观装饰了人民大会堂。

2022 年 6 月 5 日 10 时 44 分，随着神舟十四号载人飞船一起升空的，还有洛川人种出的洛川苹果。此次也是洛川苹果第 3 次被选为航天员太空“出差”的必备水果。

洛川苹果凭着“外在美”和“内在美”，从不起眼的小苹果成为“航天水果”和致富“金果果”。洛川苹果的名气越来越大，品牌价值已达到 687 亿元，并已成为全国农产品第二、水果类第一的知名品牌。

洛川苹果不仅成为各大一线超市的“网红果”，还先后出口德国、澳大利亚、意大利、加拿大、马来西亚、阿联酋等国家。外交部也将其确定为“国宾礼”，摆上了国家级和世界级重大活动的国宴招待台，并多次将其作为“国礼”赠送给外国元首和国际政要。

（节选自：洛川宣传官方平台，2022 年 9 月 22 日）

三、广告促销

农产品广告促销是农产品营销主体通过一定的媒介，公开而广泛地向社会介绍农产品的品种、规格、质量、特点、使用方法以及相关服务的一种促销方式。

1. 广告促销的步骤

(1) 调查目标市场

调查目标市场是和定位产品及确定目标市场同时进行的，即在调查目标市场前，策划者要对农产品的定位和目标市场做到心中有数，以便在调查时做到有的放矢。目标市场调查包括对市场环境、农产品竞争性和消费者等的调查。

(2) 制定广告目标

根据所选定的目标市场和市场促销组合策略等因素，可将广告目标分为告知、说服、提醒三种。

① 告知。以向消费者提供信息为目标，常见于农产品的投入期。

② 说服。以说服消费者购买农产品为目标，常见于农产品的成长期和成熟期以及市场竞争比较激烈的时期。

③ 提醒。提醒消费者不要忘记本企业的农产品，以维持品牌的高知名度，同时也提醒还未购买、将来有可能购买的消费者在何处购买。这种广告目标常见于农产品的成熟期。

(3) 制定广告主题

广告主题对于广告成败具有决定性影响。好的广告主题除了要适应具体的广告目标外，还应具有针对性强、要点突出的特点。

(4) 设计广告文稿

广告主题确定之后，便要进行设计广告文稿的工作。文稿应精练、寓意深刻，引人入胜。

(5) 设计广告形式

常用的广告形式有网络广告、视听广告、电影广告等。

(6) 选择广告媒体

广告的媒介有视觉媒介、听觉媒介和视听两用媒介。应用比较广泛的广告媒体有报纸、杂志、广播、电视和网络等。

随着我国农村计算机信息网络的普及，网络广告已经成为广大农产品经营者发布农产品信息的重要方式，具有成本低、易检索等优点。对农产品经营者来说，网络是一种实用性强、效果好、发展前景好的广告媒体。

(7) 制定广告预算

广告预算是指企业或广告代理机构对广告投入费用的计划与安排，规定着计划时期内进行广告活动所需费用的总额和具体的使用范围及方法，是企业广告活动得以顺利进行的保证。

拓展阅读

网络广告的主要形式

1. 网幅广告

网幅广告是网上最常见的广告形式，一般以限定尺度表现商家广告内容的图片形式，放置在网站的页面上。最醒目的网幅广告出现在网站主页的顶部，一般是在右上方的旗帜广告，也称为页眉广告或者头号标题，其形式像报纸的抢眼广告。

2. 链接式广告

链接式广告所占的空间较少，在网页上的位置也比较自由，它的主要功能是提供通向厂商指定网页的链接服务，也称为商业服务链接广告。链接式广告形式多样，一般幅面很小，可以是一个小图片、小动画，也可以是一个提示性的标题或文本中的热字。

3. 电子邮件广告

电子邮件广告具有针对性强、费用低廉的特点，且其内容不受限制，可以只针对某一个人发出，这是其他网络广告所不及的。电子邮件广告现在已成为使用范围最广的网络广告形式。

4. 网页广告

网页广告就是通过整个网页的广告设计传达广告内容。企业的网页广告一般在自己的主页上，在其他网站上可通过购买带链接的广告形式让顾客点击到达。

5. 插播式广告(弹出式广告)

访客在请求登录网页时经常会遇到插播式广告(弹出式广告)。据研究表明，大多数网民并不在乎弹出式广告，毕竟它的窗口相对较小，弹出只在瞬间，不需要的话可以随时关闭。

6. 网站栏目广告

网站栏目广告大多是赞助式广告，一般位于各专栏的顶部，它对树立企业的“在线”形象有极大的帮助，也是使用较多的一种网络广告形式。

2. 广告设计的策略

(1) 广告创意

广告创意多种多样，常见的有以下三种，见表6-4。

表6-4 常见的广告创意

类型	内容
标题式悬念幽默	通过巧设一个有幽默感又能吊人胃口的悬念性标题来调动消费者的好奇心，使其急于得到下文，从而在文中阐明广告主题
剥笋式悬念幽默	这种广告创意具有层层深入的特点，一步一个变化，一步留一点悬念，直到一目了然时才将广告主题全盘托出
包袱式悬念幽默	这种广告创意往往把笑料留在最后，其突出特点就是通过制造一种引人入胜的气氛来吸引消费者，从而达到广告促销的目的

(2) 广告心理策略

企业在广告促销中可以通过科学运用心理学原理，使广告诉求符合消费者的心理需求，帮助其克服反感情绪，从而达到预期的广告效果。常用的广告心理策略见表 6-5。

表 6-5　常用的广告心理策略

策略	内容
广告诱导心理策略	抓住消费者潜在的心理活动，使之接受广告宣传的观念，并自然地产生一种强烈的购买欲望
广告迎合心理策略	根据消费者性别、年龄、文化程度、收入水平、工作职务、心理需求等的不同，在广告中采取不同的策略，以迎合不同消费者的心理需求，并刺激其购买
广告猎奇心理策略	在广告活动中采取特殊的表现手法，使消费者产生好奇心，从而激发其购买欲望。这种广告心理策略如果运用得当，可以获得显著的广告效果

(3) 广告市场策略

① 广告目标市场策略。为配合无差异市场策略，广告媒体要做主题统一的广告；为配合差异性市场策略，广告商要根据各个细分市场的不同，分别选择不同的媒体组合，做不同主题的广告；为配合集中性市场策略，广告媒体要根据所选择的目标市场做针对性广告。

② 广告竞争策略。由于广告是企业产品的重要竞争工具，因此，企业可通过和其他企业的同类产品做对比，设计比较广告。采用比较广告时，一般不能标明对比产品的具体名称，以免引起纠纷。

③ 广告促销策略。由于广告传播的目的是推销产品和服务，因此，应把广告与产品及服务紧密联系起来。例如：将广告与馈赠手段相结合，通过各种形式的馈赠使消费者获得一定的利益，从而提高消费者的产品认知力和新产品的试用率；将广告与文化活动相结合，可激发消费者对广告的兴趣，提高广告的收视率；将广告与奖励活动联系在一起，可激发消费者的购买动机，提高产品购买率；使广告与公益活动相协调，积极参与公益活动，可增加消费者对企业的好感，从而增强广告的促销效果。

拓展阅读

金秋好礼，大饱口福！爱库存助力湖中之王大闸蟹

2023 年 9 月，爱库存的近 50 名店主来到位于苏州市相城区阳澄湖镇的湖中之王大闸蟹总部进行游学。在活动过程中，店主们参观阳澄湖水域养殖基地，体验大闸蟹喂养、捕捞、暂养、捆扎、分拣等从湖面到餐桌的全过程，还参观大闸蟹博物馆，见证大闸蟹的成长过程和历史文化。

同时，湖中之王蟹卡也正式在爱库存旗下饷店开售。活动期间，在爱库存百万店主、机构流量主、团长、主播等不同类型的商品分发者的带货下，湖中之王蟹卡在平台的销售额超 1 200万。

阳澄湖作为国内知名的大闸蟹原产地，水草茂盛，有丰富的钙、镁离子，湖底是以细沙为主的硬土地，湖水的透明度平均可以达到 1.33 米，因此，阳澄湖大闸蟹壳薄而坚韧，是全国知名的地理标志产品。

为了规范市场，苏州市质量技术监督局下属的阳澄湖大闸蟹保护办早在 2006 年就已经开始发放阳澄湖大闸蟹的防伪蟹扣。阳澄湖产区经过多年的积累，也已经形成了一整套覆

盖种苗、养殖管理、采收分级及流通销售等产业链各环节的标准体系。

湖中之王的大闸蟹生长在阳澄湖的核心水域，这片水域每年可培育蟹苗二百万只，自产大闸蟹近百吨。湖中之王拥有近百位蟹农，他们的平均从业时间高达23年，始终坚持“土法养蟹”：在打春到秋蟹出湖的200多天里，坚持只给蟹喂养鱼虾、螺蛳、水草等天然饵料，同时超3 000亩的养殖基地也能让大闸蟹自由活动，使得蟹肉更加紧实，口感接近野生大闸蟹。

“这一次来到湖中之王的养殖基地，亲眼看到品牌方用的天然饵料、养殖流程，亲自捕捞并看到大闸蟹的个头后，才敢放心推荐。”一位爱库存店主说道。她在来之前特地做足了功课，知道阳澄湖大闸蟹“青壳白肚、金爪黄毛、口感偏甜”，在经过为期三天的深度品牌游学后，俨然成为一个大闸蟹“专家”。

爱库存为湖中之王定制了商品分发解决方案，通过品牌游学、超级品牌日等IP活动共同链接亿万消费者，实现了品牌声量和产品销售量的双爆发。

（节选自：极目新闻，2023年9月6日）

四、营业推广

营业推广是一种追求短期促销效果的行为。营业推广也叫销售促进，是在特定市场上鼓励消费者购买、提高中间商交易效益等各种促销活动的统称，是围绕企业的营业额进行的一种促销方式。

营业推广具有不规则性和非经常性，是一种非常规和短期的促销方式。这种促销方式对消费者购买行为的影响是直接的，适用于一定时期、一定任务的短期特殊推销的情况，是其他促销方式（特别是广告促销）的一种辅助手段，具有刺激早期需求、迅速产生短期效果的作用。

1. 营业推广的类型

营业推广的类型如表6-6所示。

表6-6　营业推广的类型

类型	目的	主要方法
针对消费者的营业推广	配合广告活动，促使消费者增加购买数量和重复购买。广告对购买行为的影响是间接的，而营业推广则是直接促使消费者立即采取购买行为的方法	免费赠送、有奖销售、现场表演、减价推销等
针对中间商的营业推广	取得中间商的支持，与中间商合作，鼓励中间商大批进货或代销	实行购货折扣、推广津贴、举办展销会等
针对推销人员的营业推广	调动推销人员的积极性，鼓励他们大力推销新产品，开拓新市场	按推销绩效发放红利、奖金，开展推销竞赛等

2. 营业推广的手段

① 有奖销售。消费者购买产品达到一定数量后，给予其相应的折扣或其他优惠。

② 发放优待券。消费者可凭优待券到指定地点优先或低价购买产品。

③ 赠送样品。向消费者赠送样品，以刺激其购买欲望。

④ 展销产品。通过交易会、展销会、订货会等展销产品，促使消费者购买。

⑤ 产品陈列与现场表演。这种手段能够让消费者更直接地了解产品，从而促使其购买。

⑥ 举办竞赛。举办某种竞赛或竞技活动，给予竞赛参与者或优胜者一定的优惠或奖励，以吸引消费者，扩大产品影响力和增加销售量。这种手段既适用于消费者，又适用于中间商和推销人员。

⑦ 交易印花。在交易过程中向购买者赠送印花，并规定当印花凑足若干张数或达到一定金额时，持有者可兑换现金或实物。

⑧ 提供灵活的付款方式。允许消费者通过赊销或分期付款、贷款等方式购买产品。

⑨ 实行俱乐部制和 VIP 卡制。俱乐部制是指消费者交纳一定数额的会费给组织者，即可享受多种价格优惠的促销方式。VIP 卡又叫“贵宾卡”，VIP 卡制是指购买的产品达到一定数量的消费者可取得有优惠期限的 VIP 卡（VIP 卡可分钻石卡、金卡、银卡等多种级别），从而享受不同价格折扣或服务的促销方式。这两种方式都要求消费者先付出代价，然后才能得到优惠。

⑩ 提供咨询服务与售后服务。向购买一些技术性强、操作较复杂的产品的消费者提供咨询服务和售后服务，包括解答疑问、免费送货上门、安装、调试、维修、保养等方面的服务。

⑪ 发放津贴。津贴包括广告津贴、陈列津贴等，主要发放给中间商。

⑫ 交易折扣。当消费者购买达到一定数量或在大宗交易中及时付款时，可享受一定的价格优惠或现金折扣，且购买数量越大，折扣越多。

⑬ 会议促销。通过召开各种规模和形式的订购会、供销会或产品说明会来推销产品，以吸引中间商或消费者直接经销或购买产品，这样能够节约时间和费用，是向中间商或消费者强化促销的好形式。

⑭ 免费旅游。当消费者购买的产品达到一定数量，或推销人员、中间商的推销业绩达到一定水平时，即可参加企业组织的免费旅游。

拓展阅读

大兴西瓜与美团买菜的战略合作

2023 年 5 月，第 35 届北京大兴西瓜节正式开幕。本届西瓜节由大兴区人民政府主办，在“一带一路”十周年背景下，以促进本地消费、增强群众参与感、提高大兴品牌知名度为目标，围绕西瓜推出了多项特色文旅活动。大兴区人民政府以瓜为媒，让更多优秀人才和优质企业走进大兴、了解大兴、扎根大兴。

为拓展西瓜消费市场，充分发挥市场力量，今年 4 月，大兴区庞各庄镇政府与美团买菜签署“本地尖货”战略合作协议，通过产地直采、批量采购、流量倾斜等方式，助力大兴西瓜实现标准化、产业化、品牌化发展。双方合作以来，大兴西瓜销售量火爆。平台数据显示，头茬西瓜上线首月已售出近 10 万个，除北京地区外，还广销深圳等华南市场。

今年 4 月，大兴区庞各庄镇政府与美团买菜开展“本地尖货”战略合作，向北京市民发放 2 万张“西瓜抢鲜券”，并首次推出“西瓜溯源码”，让消费者放心地吃上正宗本地瓜。

大兴西瓜节自1988年开始举办，2001年起确定为每年的5月28日，今年已经是第35个年头。本届西瓜节围绕“国际化、品牌化、市场化”的理念，通过线上线下结合的方式，集合全区多部门多商企力量，通过擂台赛、交流展销、社区活动等方式开展，并以西瓜节为契机，盘活全区生活服务、文旅业态。

（节选自：新浪财经网，2023年5月28日）

3. 营业推广的注意事项

营业推广是一种有效的促销方式，但若使用不当，不仅达不到促销的目的，还可能影响产品的销售和服务，损害企业的形象。因此，在开展营业推广活动时，必须注意以下问题。

（1）选择适当的手段

营业推广的每一种手段都有其适用性。例如：当新产品上市时，可采用赠送样品或现场表演的手段；在推销产品时，采用发放优待券的方式更为适合。另外，使用营业推广这种方式时，还必须考虑营销成本，确定推广的规模。

（2）确定适当的时长

营业推广的时间长短很重要。营业推广时间过短，可能还不足以影响大多数可能的购买者；而营业推广时间过长，又会使消费者产生企业是否在推销过剩产品、变相降价等疑问。因此，一次营业推广的周期应与消费者的平均购买周期相符。

（3）限定营业推广的对象

首先，营业推广的对象必须是企业潜在的消费者。然后，在举办有奖销售等活动时，应严格控制本企业职工或家属参加的人数，以显示活动的公正性，避免给人留下弄虚作假、徇私舞弊的印象。

（4）做好营业推广方案的实施工作

营业推广方案的实施工作具体包括明确推广工作具体任务、实行责任管理制、做好方案实施情况的监督检查。

（5）正确评估营业推广的效果

评估内容主要有两方面：一方面是关于营业推广效果的评估，包括对经济效益和社会效益的评估；另一方面是对营业推广手段的评估。

五、公共关系

公共关系（公关）是营销主体用传播的手段使自己与公众之间形成双向交流，使双方相互了解和相互适应的管理活动，是营销主体在一定理论指导下，运用现代传播手段，为与公众和社会环境间和谐发展而采取的一种独特的管理活动。营销主体的公关活动应以公众利益为前提，以服务社会为方针，以交流宣传为手段，以谅解、信任和事业发展为目的。公关经常与市场营销配合使用。

公关的主要职能包括收集信息、辅助决策、传播推广、协调沟通和危机管理等。公关作为一种农产品促销方式，应该具有真实感、新鲜感和亲切感。

1. 公关的方法

公关的方法与其规模、活动范围、产品类别、经营目标、市场性质等密切相关，常用的有以下六种。

(1) 建立固定的公众联系制度

通过和消费者、政府机构、社会团体、银行、中间商等建立固定的公众联系制度，可以加强信息沟通，听取他们对产品、服务等方面的意见和要求，树立企业及产品形象。

(2) 与新闻界建立联系

营销主体应积极与新闻界建立联系，及时将具有新闻价值的企业信息提供给报社、电台、电视台等。另外，营销主体还可举行记者招待会，邀请记者参观企业，通过新闻报道扩大企业及产品的影响。

(3) 赞助和支持各项公益活动

赞助和支持各项公益活动对营销主体来说是极好的宣传机会，这是因为这些活动备受瞩目，新闻界会争相报道，营销主体可从中得到特殊利益，给公众留下"一心为大众服务"的好印象。

(4) 举办专题活动

营销主体可以通过举办专题活动促销产品，如举办知识竞赛、体育比赛、研讨会、演讲比赛、新闻发布会、展览会、订货会等。

(5) 公关广告

公关广告有三种类型：一是致意性广告，如向公众表示节日祝贺，对消费者的惠顾表示感谢；二是倡导性广告，如倡议举办某种活动，或提倡某种新风尚；三是解释性广告，即就某一问题向公众做出解释，以消除误会，加深公众对企业的了解。

(6) 组织消费者、社会各界人士参观企业

邀请消费者、社会各界人士前来参观，并向参观者介绍企业所处的环境、经济情况、对社会所做的贡献等。

2. 公关的决策

(1) 确定公关活动目标

任何一项公关活动都是为了提高企业的知名度和美誉度。但是，各项公关活动的直接目标却有所不同。如一个新企业的公关应侧重于提高企业知名度，而老企业则应将公关重点放在提高企业的美誉度上。

(2) 选择传播渠道

目标确定以后，应根据目标要求和传播信息的内容以及宣传对象的特点选择合适的传播渠道。常用的传播渠道如下。

① 大众传播。运用大众传播媒介(如报纸、杂志、广播、电视等)传播有关信息。

② 人际传播。运用口头或书面交流等方式进行传播。

③ 专题传播。综合运用大众沟通和人际沟通等方式，围绕特定的公关活动专题，开展带有某种特色的公共关系沟通活动。

(3) 制订公关活动方案

为取得公关活动的成功，企业需要制订一个周密的公关活动方案。具体内容包括：

① 项目名称及目标；

② 项目负责人、实施者及各自的责任；

③ 项目筹备、实施时间表；

④ 项目实施涉及的关系人及必要的分析；

⑤ 项目所需要的传播媒介、器材设备、外部环境等；

⑥ 项目经费预算；

⑦ 项目成果的考核标准及考核方法。

(4) 实施公关活动方案

由于大多数项目的公关活动是针对特定公众而进行的信息传播活动，因此，公关活动方案的实施在很大程度上就是信息的采集、制作、传播和反馈等方面工作的落实。

(5) 评估公关活动效果

公关活动效果评估的内容如下。

① 公关目标实现程度。例如：企业与公众的关系是否得到改善；企业的知名度和美誉度是否得到提高；企业在公众心目中的形象是否得到提升；企业效益是否得到提高；等等。

② 公关任务完成情况。例如：企业与公众的联系网是否健全；企业能否随时了解和掌握公众的意见；传播人员是否都行动起来，齐心协力进行公关工作；等等。

③ 公关社会功能发挥情况。即公关对社会所起的作用和表现出来的能力，如企业是否为公众提供了丰富而有益的物质、精神产品和优质的社会服务等。

公关活动效果评估的主要方法如下。

① 公关人员进行自我评估。

② 开展公众调查和舆论调查，掌握公众和舆论对本企业公关效果的评估情况。

③ 邀请公关专家进行评估。

拓展训练

一、判断题

1. 人员推销适合向分散在各地的众多目标顾客传递销售信息。(　　)
2. 人员推销是一种以单向沟通为特点的促销方式。(　　)
3. 推销人员除了要拜访顾客、说服顾客购买外，还应该成为顾客的顾问。(　　)
4. 广告形式越新颖、越新奇越好。(　　)
5. 广告预算和广告效果是绝对正比关系。(　　)
6. 电视广告形象、生动、逼真、感染力强，而且费用低廉。(　　)
7. 为达到较好的公关效果，公关广告可以适当脱离事实。(　　)
8. 对于公关活动效果评估，除了自评之外，也可以请外来专家评估。(　　)
9. 伊利请消费者参观工厂属于一种公关活动。(　　)

二、思考题

1. 推销人员在接近顾客、促成交易的过程中有哪些推销技巧？
2. 人员推销有哪几种方法，分别针对哪几种情况？
3. 什么是营业推广？营业推广有哪些形式？
4. 营业推广的手段主要有哪些？

5. 简述企业开展营业推广活动的注意事项。

6. 广告促销策略有哪些，可以和哪些促销方式结合起来？

7. 不同的广告媒体各自有什么样的特点？选择广告媒体时应该考虑哪些方面？

8. 什么是公共关系？简要分析其特点和作用。

三、实训题

1. 两人一组，挑选一种当地有代表性的农产品。一位学生扮演推销人员，另一位学生扮演顾客，进行推销演练。之后互换角色，直到两人都能正确、熟练、恰到好处地进行推销。

2. 对某企业的某种产品的广告进行分析。如果你认为该广告是成功的，分析其成功的条件和要素；如果你认为该广告是失败的，分析其失败的原因，并为其重新策划产品广告。

单元二　农产品促销组合策略

案例导入

“好想你”：把一颗枣的文章做足

自古以来，河南省新郑市就因盛产红枣而出名。“好想你”最初的加工对象正是清甜的新郑红枣。但是，“好想你”未被小小的红枣所束缚，而是通过开发“观光、旅游、节庆”等系列化产业形态，将原有的“加工型企业”定位上升为“综合性企业”。

枣片是“好想你”的得意之作，有“中国口香糖”之称。将红枣用“果丹皮”的制作工艺加工成口香糖模样，再采用烟盒式外包装，食用方便，一经推出便广受好评。其充满创意的包装还获得了“世界之星”国际包装设计大奖。为了进一步挖掘地域特色，“好想你”在各个基地所在地同步设立了子公司，对原料进行专门化、特色化加工。

凭借新鲜的话题和巧妙的促销手段，“好想你”线下店铺一经推出便吸引了市民和媒体的眼球。截至2011年年底，“好想你”在全国范围内的直营专卖店达到了2 300多家，遍及280个城市。

上述模式看似简单，却实实在在地发挥着作用：第一，矗立于繁华街头区位的店铺除了具有销售终端的属性之外，还有辐射全国、永久性的特点，且为品牌自有的固定广告，节省了大量广告费用，可谓“一举两得”；第二，各门店严格遵循“门头统一、服装统一、陈列统一、产品统一、价格统一、宣传统一、促销统一”等标准，有效地提升了品牌形象，吸引了目标人群，同时也便于消费者辨知真伪；第三，店内营业员的专业知识和营销技巧能够形成能动销售和信息反馈的快捷机制，在第一线促进产品交易；第四，自营的销售终端避免了商超进场费，能够在品牌发展初级阶段顺利实现“低成本、快速度”的扩张愿景。

"好想你"的延伸产业链也可被称作"伴生产业链",其形成完全依赖于基础环节,其中就包括以木本粮为中心的观光、旅游与节庆。如果说红枣科技示范园、中华枣文化博览中心、木本粮创意农业园等是一个个"点",那么枣乡风情游与红枣文化节就是把这些"点"连成"线",乃至汇成"面"的整合优化策略。

(节选自:红枣文化网,2013 年 7 月 9 日)

思考:根据以上案例,"好想你"的成功法宝有哪些?

知识储备

一、促销组合概述

促销组合是指把人员推销、广告促销、营业推广、公共关系等各种促销方式组合为一个策略系统,使农产品营销主体的全部促销活动互相配合、协调一致,最大限度地发挥整体效果,从而加速农产品促销。促销组合的基本形式可分为以下两大类。

1. 人员推销

农产品营销主体派出人员或委托推销人员运用各种推销技巧和手段,向目标顾客介绍、推广和宣传产品,并说服其接受产品或服务。这种形式具有直接沟通信息、及时反馈意见等优点,可当面促成交易。

2. 非人员推销

非人员推销是间接进行的销售或服务活动,主要包括广告促销、营业推广及公共关系等方式。

拓展阅读

瑞士雀巢咖啡进入中国

1987 年,瑞士雀巢咖啡准备进入中国市场,当时雀巢采取的促销策略如下。

1. 广告促销

雀巢选择京、津、沪三市作为其进军中国内地的突破口,在三市电视台和中央电视台同时播出广告,通过集中、统一、有特色的密集性广告,树立了雀巢咖啡"味道好极了"的良好品牌形象。

2. 营业推广

采用深受中国内地消费者欢迎的买一赠一、买咖啡送伴侣等形式来增加销售量。

3. 公共关系

雀巢在京、津、沪三市多次举办名流品尝会,并为一些重要会议免费提供咖啡,形成喝"雀巢"的时尚。

瑞士雀巢咖啡在中国内地市场取得成功的关键在于结合了中国内地市场的实际情况,通过广告促销、营业推广和公共关系等方式的促销组合,最终实现了促销目标。

二、影响促销组合的因素

1. 促销目标

促销目标不同,促销活动的内容也不同。例如:甲企业的促销目标是增加销售量,扩大市场占有率,则该企业应更多地使用人员推销、广告促销和营业推广;乙企业的促销目标是树立企业形象,则该企业应从长远利益出发,通过公关活动宣传并树立企业形象。

2. 促销费用

应投入多少促销费用,往往使企业难以决策。不同的行业、同一行业的不同企业为促销活动支出的费用可能差距很大。要注意的是,最佳促销组合并不一定费用最高。企业应全面衡量、综合比较,使促销费用发挥出最大效用。

3. 产品的性质和生命周期

产品的性质、生命周期不同,消费者的购买需求也不同,因而要采取的促销组合策略也不同。

小提示

不同生命周期对农产品促销方式的影响

对于处于不同生命周期的农产品,促销的侧重点不同,采用的促销方式也不同。

① 在农产品的投入期,需要提高品牌知名度,故采用广告促销和公关宣传的效果较好。

② 在农产品的成长期,促销重点是增加消费者对农产品的兴趣,故采用广告促销的方式较好。

③ 在农产品的成熟期,由于竞争对手增多,为了保持市场占有率,企业必须增加促销费用。

④ 在农产品的衰退期,企业应把促销费用降到最低,以保证获得足够的利润。

三、农产品促销组合策略

农产品促销组合策略可分为推动策略和拉引策略两类,见表 6-7。

表 6-7　农产品促销组合策略

种类	内容	常见方法
推动策略	运用人员推销和营业推广的方式把农产品推向目标市场	走访销售法、示范推销法、网点销售法、服务推销法
拉引策略	运用广告促销和公关宣传的方式激发消费者对农产品的兴趣,从而促使其产生购买行为	会议促销法、广告吸引法、展销会拉引法、订货会拉引法、代销法、试销法、信誉销售法

拓展训练

一、判断题

1. 推动策略中人员推销的作用最大，拉引策略中广告促销的作用更大。（　　）

2. 农产品生命周期一般分为四个阶段，对于处于不同阶段的农产品，促销的重点不同，所采用的促销方式也有所区别。由于处于成熟期的农产品已经有一定的市场占有率，所以应逐渐减少促销费用。（　　）

二、思考题

1. 在农产品的不同生命周期，农产品营销主体应该分别采用怎样的促销组合策略？

2. 推动策略和拉引策略分别具有什么样的特点？

参考文献

[1] 陈淑,徐东森,姚光宝.农产品品牌建设[M].济南:济南出版社,2020.
[2] 李宏英.农产品品牌策划与管理[M].北京:中国原子能出版社,2020.
[3] 杨国,高传光,丁立群.农产品市场营销策略[M].北京:中国农业科学技术出版社,2016.
[4] 赵维清,姬亚岚,马锦生,等.农业经济学[M].2版.北京:清华大学出版社,2018.